まるはだか

森 裕生

脳性まひプロマジシャン
Mr.Handy誕生の日

MR. HANDY
MORI YUUKI

梓書院

はじめに

産声《うぶごえ》も聞かせられずに…

昭和57年6月13日、この日は両親にとって記念すべきおめでたい日になるはずでした。両親にとって、初めての子である私が誕生する予定日だったからです。

しかし、予定日当日になっても母に陣痛《じんつう》は起こらず、陣痛促進剤《そくしんざい》の点滴《てんてき》を投与《とうよ》してもなかなか陣痛《じんつう》が来《こ》ず、お医者さんが母にまたがり、お腹を何度か押しても生まれず、結局吸引分娩《きゅういんぶんべん》での出産《しゅっさん》でした。1時56分、初夏《しょか》の暖《あたた》かい日でした。

生まれる時なのか、胎内《たいない》で既《すで》にそうなっていたかは定《さだ》かではありませんが、への緒《お》の一番太い部分が首に二重に巻き付き、仮死状態《かしじょうたい》で生まれたために、産声も聞かせてあげられませんでした。生まれてすぐについた病名は「低酸素性脳症《ていさんそせいのうしょう》」というものでした。

出産から2日後に熱を出し、発作《ほっさ》を起こしたため、大学病院の未熟児《みじゅくじ》センターに搬送《はんそう》され、治療のため一か月ちょっとの間《あいだ》入院をしていました。

その間、毎日、母は自分で母乳を絞《しぼ》り、冷凍パックに詰《つ》め僕のもとに届けてくれました。

出産時から、いろんな意味で騒《さわ》がせているこの男の子こそが、この本の著者《ちょしゃ》である私〝ミスターハンディー〟こと、〝森《もり》裕生《ゆうき》〟本人です。

今になってからこそ、私は講演《こうえん》会でも「障がいを持てるようになった」と、人前で話をさせてもらっていますが、第1子である私に、夢と希望を託していた両親にとっては、大変なショックだったと思います。

この世に生まれる前から、人と同じことをするのが嫌いだった私は、これまでずっと証拠《しょうこ》や文書を残すことだけは避《さ》けてきましたが、ミスターハンディー活動15周年目という節目《ふしめ》の年に本書の出版を思いたちました。

長い間応援していただいております皆さまと、今回の出版《しゅっぱん》にあたっては、㈱梓《あずさ》書院の田村社長を始めスタッフの皆様に、ご協力とご尽力《じんりょく》をいただけたおかげで、このようなステキな本が出来、本当に感謝《かんしゃ》の気持ちでいっぱいです。

ありがとうございます。

さて、真面目《まじめ》なお話はこの辺《あた》りにして、ここからは、私の、少しの涙ありと多くの笑いありの「楽笑《らくしょう》の軌跡《きせき》」をお楽しみください。

それでは、はじまり〜はじまり〜（笑）。

目次

第1章

はじまり

わがままボーイの誕生

生まれてから1か月程《ほど》、大学病院の未熟児《みじゅくじ》センターに入院していた私は、ようやく治療を終え、初めて我《わ》が家《や》に帰ることが出来ました。

我が家でやっと家族三人だけの時間を過《す》ごすことが出来、親戚《しんせき》や周りの人たちからもたくさん祝福《しゅくふく》され、可愛がってもらいました。

生後2、3か月頃から、福岡市内にある福祉《ふくし》センター（現 あいあいセンター）に、「ボイタ法」のリハビリを受けに通い始めました。

ボイタ法をご存じではない方に簡単《かんたん》に説明すると、ボイタ法とはボイタ教授によって発見された「反射性移動運動《はんしゃせいいどううんどう》」を利用した運動機能障《うんどうきのうしょう》がいに対する治療法《ちりょうほう》の一つです。

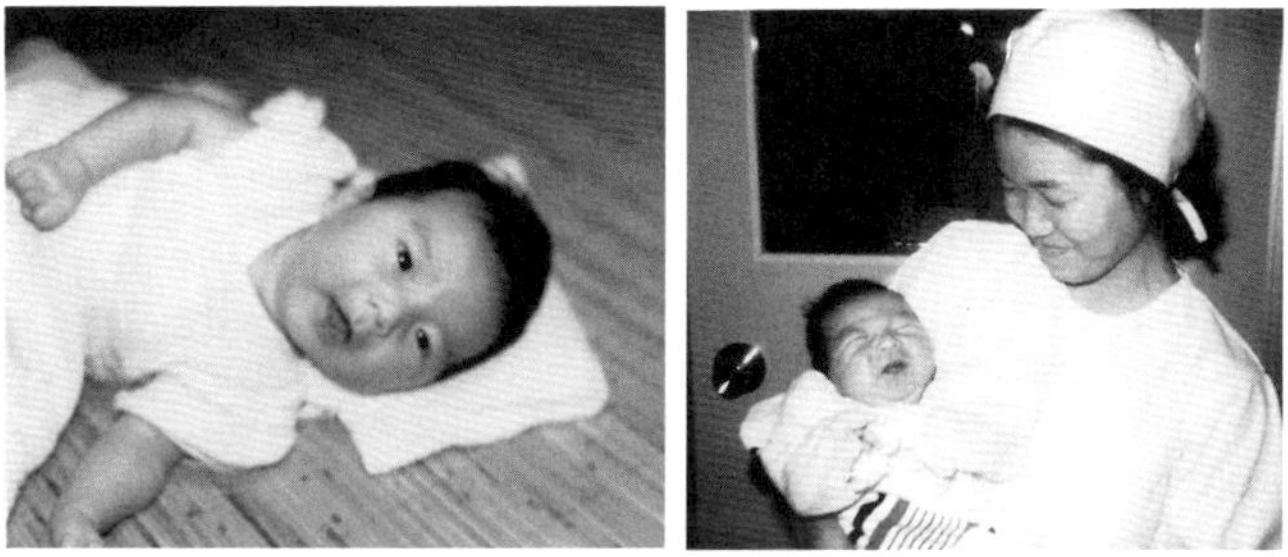

1982（昭和57）年　福岡大学病院退院

両親が生後、間もない頃からボイタ法を受けさせてくれたおかげで、今でも背骨がそんなに曲がることもなく、楽しい毎日を過ごすことが出来ています。福祉センターでの思い出はいろいろありますが、特に記憶《きおく》に残っているのが二つあります。

幼い時から、好奇心旺盛《こうきしんおうせい》だった私は、母や先生たちの目を盗《ぬす》んで、一人でエレベーターに乗ってみようと試《こころ》みました。エレベーターに乗り込むまでは何も問題はなかったのですが、何しろまだ小さかったので、エレベーター内の側面《そくめん》の壁《かべ》に、車イスの方でも押せるように低めの位置に設置《せっち》しているボタンにさえも手が届《とど》かず、降《お》りられなくなってしまいました。脱走《だっそう》したうえに迷子《まいご》状態になってしまったのです。

エレベーターのボタンを押すことが出来ない私は、1階と最上階《さいじょうかい》を泣きながら昇《のぼ》ったり降《おり》たりしていたら、それに気づいた人たちに助けられて、無事に母のもとに戻ることが出来ました。今となっては笑い話になるのですが、当時は突然《とつぜん》、私がいなくなり母も先生たちも随分《ずいぶん》慌《あわ》てたのではないかと思うと、恥《は》ずかしくなり申し訳ない気持ちでいっぱいになります。

もう一つは、いつも給食《きゅうしょく》の時間になると、手を動かさずに人の話ばかり聞き入っていた私は、先生に別室《べっしつ》に連れていかれ、一人だけで給食を食べさせられていました。今でも、うっすらと覚えています。

食事をすることと、話しをするのが好きな今の私からすると、食事をする手を止めてまで、人の話しを聞き入ってしまう当時の姿は想像《そうぞう》しづらいのですが…。

出産時に「低酸素性脳症《ていさんそせいのうしょう》」と診断《しんだん》されてから2、3年の月日が経《た》ちましたが、改《あらた》めてお医者さんが診断《しんだん》して下《くだ》された病名《びょうめい》は「脳性麻痺《のうせいまひ》による四肢体幹機能障《ししたいかんきのうしょう》がい」というものでした。

そうです。これで私もただの病人から身体障がい者として、身体障がい者手帳《てちょう》という証《あかし》を手にすることが出来たのです。

誰でもそうだと思いますが、2、3歳ぐらいから日本語なのか分からないような言葉を発《はっ》するようになると思います。

私にもそんな時期がありました。

周囲の大人たちにとっては、健常《けんじょう》な子供でも何を言っているのか聞き取りづらい時期なのに、その上に言語《げんご》障がいを持っている私が発する言葉は、すごくアーティスティック的なものだったのじゃないかなぁと思います。

そんな私のアーティスティックな言葉を聞き取って、ここまで育ててくれた両親は凄《すご》いなぁと思います。

一時期、アーティスティックながらも言葉を発していた私が、言葉を発しなくなった時がありました。

それは、私に対する周囲《しゅうい》の大人たちの接《せっ》し方に、一つの原因があったようです。私が何かをしてほしいとか、これをこうしてほしいなどを言葉に出して訴《うった》える前に、周囲の大人たちが済《す》ませてくれていたのが原因の一つで、しばらくは私の口から「あー」「うー」などしか発しなかった時期があったそうです。

今の私が女性に対して「あー」「うー」「おー」しか言葉として発することが出来なかったらと想像《そうぞう》しただけでも恐《おそ》ろしくなります。

当時、私の周囲には大人が大勢《おおぜい》いたし、ある程度のわがままが許されていたせいもあって、少しずつ我《が》が強くなり始め、何でも自分が一番じゃないといけないという、わがままボーイになっていきました。

出会い

私が生まれて間もなく、家を引っ越《こ》しました。新しく引っ越した先の隣《となり》の家に、私より少し年上のお兄ちゃんがいました。

このお兄ちゃんは三人兄弟の末《すえ》っ子ということもあって、私のことを弟のように思ってくれており、毎日テレビゲームなどで、たくさん遊んでくれました。

もちろん、そのお兄ちゃんだけではなく、ほかの上二人のお兄ちゃんたちも、私のことを、すごく可愛《かわい》がってくれて、おじちゃんとおばちゃんも何か私たち家族に困ったことがあれば、いつも快《こころよ》く手を差し伸べてくれていて、家族ぐるみのお付き合いをしていました。

そんな楽しい毎日をすごしていた、ある日のこと、幼《おさな》い子供ながら私はこう思いました。「お兄ちゃんと同じ小学校に行きたい。」と…。

しかしながら、１９７９年に養護《ようご》学校の義務化政策《ぎむかせいさく》により、重度《じゅうど》・重複《じゅうふく》の障がい者も、養護学校に入学出来るようになりました。その一方で、地域の小学校からは、障がい児《じ》は排除《はいじょ》され、地域の小学校に通《かよ》うことは許されずに、養護学校に通うしかなく、またそれが一般的になってきていたのが、当時の現状でした。

私は「お兄ちゃんと同じ小学校に通いたい。」という思いを、両親に打ち明けました。

両親も私の思いをきちんと受け止めてくれましたが、「地域の小学校に通わせてあげたい。」という思いと、反面「本当にこの子は、健常児《けんじょうじ》の中に入って、やっていけるのだろうか。」という、不安もありました。それで小学校に入学させる前に、お試《ため》し期間《きかん》のようなものが必要《ひつよう》と考え、どこかこの子を受け入れてくれる幼稚園《ようちえん》はないだろうかと、周りの人たちから情報収集《じょうほうしゅうしゅう》などを積極的《せっきょくてき》に行っていたところ、たまたま自宅から車で15分程のところにある若久幼稚園に、私より少し年上で身体障がいの男の子が入園しているという情報を、その男の子のお母さんから聞くことが出来ました。そこで早速《さっそく》若久幼稚園に入園の相談にうかがうと、園長先生を始め、先生方から快《こころよ》く承諾《しょうだく》していただきました。

当初は、私より少し年下の子供たちのクラスにという話だったのですが、園内で職員会議《しょくいんかいぎ》を重《かさ》ねていくうちに、先生方の方から「やっぱり、裕生君は年下の子のクラスより、同じ年のクラスに入れた方が、裕生君のためにも良いかと思いますのでそうしましょう。」と言っていただき、同じ年のクラスの、コスモス組に入園することが出来ました。

16

わがままボーイから卒業

幼稚園に入園するまでは、何をするにもどこへ行くにも、私の周囲にはいつも両親を始めとし、大人たちがいる環境《かんきょう》で育《そだ》っていました。

もちろん、福祉《ふくし》センターに行ったときは、障がいを持った同じ年の友達と遊んだりはしていましたが、そんな時でもいつも、私の隣にはいつも母がいてくれました。

幼稚園に入園すると、そんな環境から一変《いっぺん》し、朝、母に送ってもらって登園すると、一旦《いったん》、母と別《わか》れ、お昼過《す》ぎまでは、友達と一緒に過《す》ごします。

これはごくごく当たり前のサイクルとは思いますが、これまで同じ年の友達と4時間も5時間も同じ部屋の中で過ごしたことがなかった私にとっては、初めての経験《けいけん》でした。

同じ年の友達と、刺激的《しげきてき》で楽しい毎日を送っていく中で、少しずつではありますが、私の心にも変化がみられるようになりました。

入園するまでは、じゃんけんにしてもどんな勝負《しょうぶ》ごとにしても、自分が勝つまでやり続けないと気が済まないという、良い言い方をすれば負けず嫌《ぎら》いな性格ですが、その度《ど》も越《こ》えていて、わがままボーイそのものでした。

そんな私が友達と一緒に生活をしていく中で、運動会《うんどうかい》をきっかけに変わり始めました。

運動会で一番盛《も》り上がる種目《しゅもく》といえば、「かけっこ」ですよね⁉

その「かけっこ」に私を参加させるためにはどうしたら良いのかと、先生方と母が話し合ってくれました。

そして、話し合って出した最初《さいしょ》の結論は、母が私を抱《だ》っこして走るということでした。

そのことを聞かされた私は、即答《そくとう》でこういうふうに答えました。

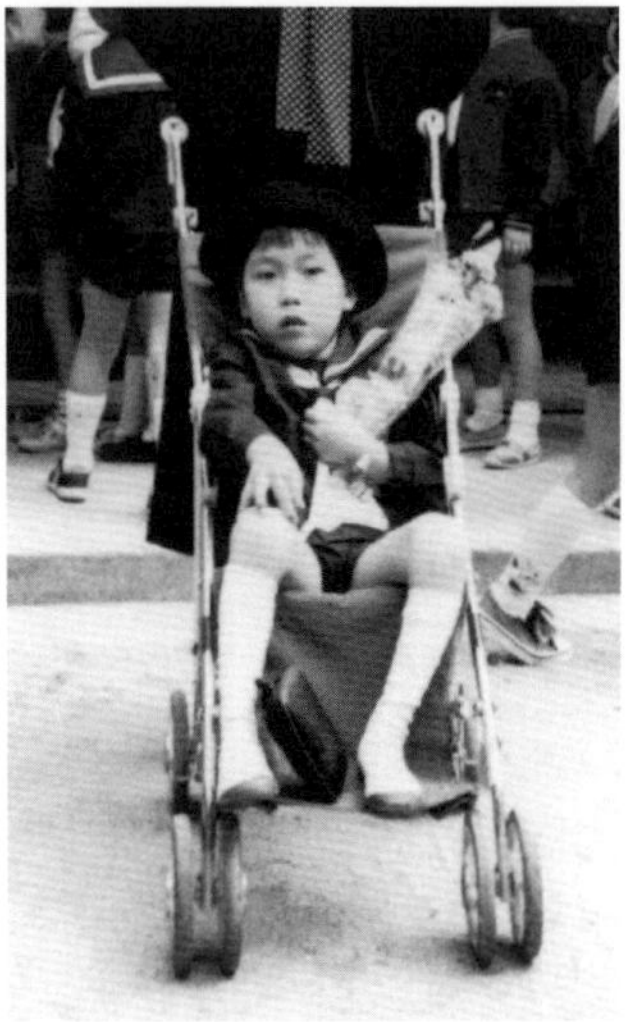

1989（平成元）年
若久幼稚園卒園

「いやだ。ハイハイで出たい。」と…。

すかさず母は、「何で？ いいやない？ お母さんが抱っこして出たら一番になれるし。」

それを聞いた私がまた反論《はんろん》して「いやだ。別に一番じゃなくてもいいっちゃろう？」と言いました。

それを聞いた母は、「ほぉ〜。あんなに何でも一番にこだわっていた、わがままボーイ裕生が、こんなことを言うようになった。成長《せいちょう》したな。」と思ったそうです。

私が少しずつですが日に日に成長していく姿を見るたびに両親は、やっぱりこの子を地域の小学校に行かせてあげたいと、改《あらた》めて思ったそうです。

幼稚園生活1年間を終《お》えて、卒園《そつえん》と同時《どうじ》に私に対するお試《ため》し期間も、無事に終了することが出来ました。

第2章

超ポジティブ男の原点

20

お試し期間を終えて

両親は、私が幼稚園生活をエンジョイしている間《あいだ》も、就学相談《しゅうがくそうだん》のために福岡市の教育委員会《きょういくいいんかい》へ、何度も何度も足を運《はこ》んでくれていました。

しかし、両親が私を、地域の小学校に入学させてくれるようにと、何度頼んでも、教育委員会の職員の方の口から出るのは、「前例《ぜんれい》がないから。」「何かあった時に責任《せきにん》が取れないから。」「養護《ようご》学校の方が安全だし、お子さんが学校に行っている間も、安心出来るのではないですか？」などの答えばかりでした。

何とかして養護学校に行かせようという、職員《しょくいん》の方のあからさまな態度《たいど》だったそうです。

両親と、教育委員会の対決《たいけつ》は半年《はんとし》ぐらい続きました。

こういう状況の中、地域の小学校に勤《つと》めておられた先生方は、

「お母さん、裕生君を入学させるまではお母さんたちで頑張《がんば》ってください。入学させることが出来たら、そこから出来る限《かぎ》りのバックアップを、私たちでしますから。」

と、言って応援《おうえん》してくれていました。

両親が粘《ねば》り強く教育委員会の職員の方を説得《せっとく》してくれたのと、地域の小学校の先生方が、根気《こんき》強く私たち家族を応援《おうえん》してくださったおかげもあり、教育委員会から、私が地域の小学校へ入学することを許可《きょか》していただきました。

1989（平成元）年4月10日
入学式の朝

１９７９年に養護学校が義務化《ぎむか》されてから、障がいを持った子供が、地域の小学校に入学出来たのは、福岡では、私が初めてだったそうです。

しかし、初めてだったせいか、我《わ》が

家《や》には入学通知《にゅうがくつうち》が届《とど》かずに、父が福岡市発達教育《はったつきょういく》センターまで、入学通知を受け取りに行かなければなりませんでした。

ケンタッキーと洗濯機《せんたくき》

両親を始め、色んな方たちから協力いただいたおかげで、念願《ねんがん》だった隣《となり》の家のお兄ちゃんと、同じ地域の福岡市立老司小学校に入学することが出来ました。

入学前に教育委員会の職員の方から言われていた心配事はウソのように、先生方もバックアップしてくれて、母自身《じしん》も、学校で一日中私に付《つ》き添《そ》う覚悟《かくご》をしていたみたいですが、そのようなことをする必要《ひつよう》もなく、私の小学校生活は始まりました。

ありがたいことにクラスでも学年全体でも、友達は私に対して「障がいを持っていて、かわいそうだから。」というように肩に力を入れて接することなく、私が自分の力で出来ることは、手を貸《か》さずに見守《みまも》ってくれて、私の力だけではどうしても難《むずか》しいことは、ためらわずに自然体《しぜんたい》で手を貸してくれるような、小学生なのに素晴《すば》らしい大人な対応《たいおう》をしてくれたおかげで、私自身も変な気を遣《つか》うことなく、楽しく生活を送っていました。

そんなある日、クラス内の学級会《がきゅうかい》でのことです。

その日の学級会でのテーマの一つは、「昨日の夜に食べたもの」というもので、クラスのみんなで昨日の夜に食べたものを、発表しあうという他愛《たあい》もないものでした。

目立ちたがり屋の私は、ウズウズしながら自分に順番がまわってくるのを待っていました。

ようやく私に順番がまわってきて私は話し始めました。

「あのね、昨日ね、ケンタッキーを食べたと。」

それを聞いた担任《たんにん》の先生は、首をかしげて「ん？　洗濯機《せんたくき》？」と不思議《ふしぎ》な顔をして、私にもう一度聞き返してきました。

すかさず私がもう一度「ケンタッキー！」と答えても、先生は変わらず不思議な顔をしながら「洗濯機？　食べた？」

私のアーティスティック的《てき》な言葉が聞き取れずに、困《こま》り果《は》てていると、クラスの皆から「先生違《ちが》うよ～。洗濯機じゃなくて、森君は、ケンタッキーを食べた、って言いよるとよ～。」と、すかざず突《つ》っ込《こ》まれて、さっきまで不思議そうな顔をしていた先生も、ようやく納得《なっとく》した笑顔に変わり、「あ～ケンタッキーね、ごめん、ごめん。みんな教えてくれてありがとう。」この場面は、とても印象《いんしょう》深く、今だに忘れることが出来ません。

ちなみに、当時から20数年経《た》った今でも、やっぱり洗濯機は食べられず、たまのご褒美《ほうび》で、ケンタッキーを食べています。

小学校1、2年の担任古井先生と川遊び

第一次モテ期の到来《とうらい》⁉

小学生時代、良い思い出が沢山《たくさん》ある中でも、一人の男子としての一番の良い思い出は、どんな時もどこへ行くにしても、私の両隣《りょうどなり》には必《かなら》ずと言っていいほど、女子がいたことです。

教室を移動《いどう》する時も遠足の時も、誕生会《たんじょうかい》などプライベートでイベントをやる時も、いつも私の周りには女子がいて、靴《くつ》を履《か》き替《か》えさせてくれたりしていました。

普通の考え方であれば、こういうことをモテ期というと思われます。

私も数年前までは、小学生時代が第一次モテ期だと思い込んでいました。

今から数年前に小学校時代の女子から、結婚披露宴《けっこんひろうえん》に招《まね》かれて行ってみて、周りを見渡《わた》してみたところ、同級生の友達の中では男性が一人も見当たらず、私が知っている男性といえば、当時の担任《たんにん》の先生だけでした。

私もあまり深く考えずに、久しぶりに女性に囲《かこ》まれながら、食事と会話を楽しんでいると、他愛のない会話の中で、一人の女性が私に対して、こんなことを口にしてきました。

「もりっちはさ、異性《いせい》というような感覚《かんかく》はないもんね。」と。その周りにいた女子達も「うん。そうやね。」と続き、ほんの一瞬《いっしゅん》だけショックを受けましたが、そのことを聞いて、逆《ぎゃく》に腑《ふ》に落ちて納得《なっとく》出来ました。

彼女達は、私のことを男としてみていなかったからこそ、小学校時代も今でも、こんなに仲良くしてくれるんだなぁと思いました。

即《すなわ》ち、よくテレビであるような、同窓会などで何十年ぶりかに再会して恋仲《こいなか》になっていくみたいな発展《はってん》の仕方は、１００パーセントいや、１，０００パーセントないと確信《かくしん》したひと時でした。

特別扱《とくべつあつか》いじゃなくて配慮《はいりょ》

私は、幼稚園から現在に至《いた》るまで、いわゆる健常《けんじょう》者というジャンルの人たちの中で、ほとんどの時間を過ごして来ました。

当時は気づけませんでしたが、今になって振り返ってみると、これまでに出会えた友人や知人のみなさんは、凄《すご》いなぁと心から感心させられます。

小、中学校から付き合っている同級生に対しては、特に強く感じています。

もちろん、担任の先生が私に対して、「配慮《はいりょ》することは必要だけど、特別扱いしない。」という空気感を作ってくださったこともあると思いますが、その空気感を素直《すなお》に受け入れて、馴染《なじ》んでいった同級生は本当に凄いなぁっと、思わずにはいられません。

空気感は担任の先生に作っていただいたのですが、その他にも担任の先生から、私への接し方に対して「あーしなさい。こうしてあげなさい。」などのアドバイス的なものは、ほとんどなかったと思います。

私は、普段《ふだん》から「ふつうは」というような言葉は、あまり好《この》んでは使わないのですが、この場ではあえて「ふつうは」という言葉を、使わせていただくことにします。

ふつうは大人でも、新しい環境《かんきょう》の中に入っていったところに、障がいを持っている人がいたら、特別扱《とくべつあつか》いをすると思います。

それは、いけないことではなく、障がいを持った方と接したことがない方にとっては、純粋《じゅんすい》な反応だと思います。

しかし、同級生の彼らは違いました。

担任の先生が作り出した空気感の中で、「これ、森君が参加するのは難しいから見学してもらって。」という考え方より、「これは、このままでは森君が参加するのは難《むずか》しいかもしれないけれど、こんな『工夫《くふう》』をすれば、森君も参加出来るのではないか。」という話し合いを、新しいことをする度《たび》に、もちろん私も含めみんなで行っていました。

大人になってから気づいたのですが、ここでいう『工夫』こそがいわゆる「配《はい》慮《りょ》」だったことに気づかされました。

思ってはいても、大人でもなかなか出来ないことを、「出来ない」といって、のけ者扱いをするのではなく、『工夫』という「配慮」を自然体でしてくれました。

そのようなことの積み重なりが、私の喜《よろこ》びと自《みずか》ら信じる力につながっていき、超《ちょう》ポジティブ男が出来てきたのではないかと感じています。

共生《きょうせい》のカタチ

皆さんにとっての「共生」とは、どういうことを思い浮かべますか？

障がいを持って生まれて今日まで生きてきた私は、飲食店《いんしょくてん》のカウンターなどで、たまたま意気投合《いきとうごう》をし、お話をさせていただく中で、「森君、大丈夫。共に生きていこう。」とよく言われます。

「共に生きる…」とは、どういうことなのでしょうか？

障がいを持っている方と付き合っていくのに、「共に生きる」と意識《いしき》をして、肩に力を入れないと「共生のカタチ」は出来ていかないのでしょうか？

障がいを持っている私がこういった話をさせていただくのは、大変恐縮《きょうしゅく》ではありますが、私なりに考えてみた「共生のカタチ」というものは次のようなものだと思います。

私は、この世の中で完璧《かんぺき》な人は、世界中探しても存在しないと思います。

一人一人が出来ること、出来ないこと、得意なこと、不得意なことがあって当たり前だと思います。

私みたいに障がいを持っている方は、たまたま出来ることが制限《せいげん》されていることによって、出来ないことが多く目立っている、それだけのことなのに、障がいを持っている人は「かわいそう」だとか、障がいを持っている人には「優《やさ》しくしましょう」と、そういう教育をされたのかどうかは定《さだ》かではありませんが、そのように思われがちなのが現実だと思います。

そのような現実に起きていることを、少しずつでも変えていくには、私も含《ふく》め、障がいを持っている方本人も、障がい者である前に、一人の人間ということに変わりはないということに気づく必要があると思います。

一概《いちがい》にそれが良いとは言えませんが、少なくとも考え方や人との関わり方などは、考え直さないといけない部分もあると思います。

障がいを持っていない方は、いつか障がいを持った方と出会うことがあるかもしれません。

もしかしたら、一生涯《いっしょうがい》そのような障がいを持っている方と、出会わないかもしれません。

もし、障がいを持っている方と出会って関わるような時があったら、まずは一歩《いっぽ》踏《ふ》み出すことも、後ずさりして引くこともしないで、その場に立ち止って、その方を一人の人間として見てみてください。

障がいを持っている方に対して、先入観《せんにゅうかん》だけで関わり始めるよりも、一度立ち止って、客観的《きゃっかんてき》に一人の人間として見たうえで、関わり始めた方がお互い肩に力を入れずに、思っていることを言い合えて、長く付き合うことが出来るのではないでしょうか？

このような人間関係を、より多くの方たちが築《きづ》いていくようになれば、私が思っている「共生のカタチ」と「福祉《ふくし》」につながって行くと確信《かくしん》しています。

なぜ私がこの章《しょう》の、このタイミングで、このようなお話をさせていただいたかというと、私は既《すで》に「共生のカタチ」のサンプルを、小学生時代に同級生と共に作り上げていましたので、あえてこのタイミングで、お話をさせていただきました。

思い出がいっぱいありすぎて

私の小学校生活の中には、体育の時には障がいを持っている私に、特別扱いではなく『工夫《くふう》（配慮《はいりょ》）』という考え方で、みんなでアイデアを出し合って作っていってくれた「森君ルール」や担任の先生と、同じクラスの男子四、五人くらいが交代《こうたい》で、私を背負子《しょいこ》に乗せてくれ、背負《せお》いながら山を登って、私を頂上まで連れていってくれたりと、語《かた》りつくせないほどの楽しい思い出が、いっぱいありますが、その中でも特に思い出深いのは、6年生の時に1年生と一緒に行った、歓迎遠足《かんげいえんそく》での一コマです。

当時、私は自身《じしん》のことも一人の力だけでは出来ないことが多かったので、通常《つうじょう》であれば1年生一人に対して、6年生の生徒一人がついて日常の休み時間などに一緒に遊んであげたりするのですが、私が1対1で1年生とふれあったとしたら、6年生の私が1年生からお世話をしてもらうことになり兼《か》ねないのです。それで私の場合は、私と女子二人がサポートでついていてくれていたので、歓迎《かんげい》遠足の当日でも、女子の二人に1年生のお世話を任《まか》せっきりでした。

私は担任の先生からの助言《じょげん》もあって、遠足当日は車イスと歩行器《ほこうき》と、両方を持って行っていました。遠足先での楽しい時間を過《す》ごし終え、集合場所に戻ってみると、私と同じクラスのM崎君が、担任の先生から、このようなことを言われました。

「M崎は車イスで、裕生は歩行器《ほこうき》で小学校まで競争《きょうそう》してみようか!?」

また先生の冗談交《じょうだんま》じりの悪ふざけかと思いきや、どうやら先生は悪ふざけではなく本気だったようで、ほかのみんなを遠足先から見送った後、M崎君は車イスで、私は歩行器でのレースが始まりました。

私は歩行器を使い始めてまだ2年程《ほど》しか経《た》っておらず、まして、一般道《いっぱんどう》の長い距離《きょり》を歩いたことすらありませんでした。

そんな私と、車イスに乗っての自走なんて、全《まった》くといっていいほど経験《けいけん》したことがないM崎君との、一騎打《いっきう》ちのレースが始まりました。

歩道《ほどう》といっても平《たい》らなところは少なく、両者とも不慣《ふな》れな上に、歩道の状態《じょうたい》も良くなかったため、抜きつ抜かれつ、抜かされ抜きかえしの接戦《せっせん》のレース展開《てんかい》のまま数時間かかってようやく学校の門の前まで辿《たど》り着きました。

それから両者は二手《ふたて》の門に分かれ、運動場を目指しラストスパートをかけます。私が運動場に入り、もう一つの門の方を見ると、M崎君の姿《すがた》が見当たりません。近づいて見ると門前のマンホールに引っかかって、こけていました。

私は勝ったことは、もちろん嬉《うれ》しかったのですが、それよりも二人とも勝ち負けより、お互いに競《きそ》いながら小学校まで辿り着いて、ゴール出来たという達成感《たっせいかん》の喜びの方が強かったので、二十数年経《た》った今でも、あの日のことは忘れられません。

初めての卒業

私が地域の小学校に入学したいと思ったきっかけは、私が住んでいる家の隣《となり》にたまたま住んでいたお兄ちゃんとの出会いだったことは前にも書きました。

「お兄ちゃんと同じ小学校に行きたい」という思いだけで、私の両親を始め幼稚園の先生方や小学校の先生方、その他周《まわ》りの大人たちが協力《きょうりょく》してくれました。教育委員会《きょういくいいんかい》から反対《はんたい》されながらも、皆さんが協力してくださったおかげで、地域の小学校に入学することが出来ました。

私の両親は、私が地域の小学校に入る前の大変さより、入ってからの不安の方が大きかったと思います。

そんな大きな不安を打ち消し、取り除《のぞ》いてくれたのは、同級生やクラスの担任の先生はもちろんのこと、学校全体での協力があったからこそです。

色んな方たちに協力していただいて、6年間の小学校生活を送ってきましたが、やっぱり私にとって同級生と出会い、一緒に肩を並べて過《す》ごした時間というものは測《はか》り知れない財産《ざいさん》です。

もし、小学校1年生の頃《ころ》から「森君もいる1年1組」ではなく、「森君がいる1年1組」というクラス環境《かんきょう》の中で、6年間同級生《どうきゅうせい》と過ごしていたら、卒業して大人になってからも付き合える関係性《かんけいせい》にはならなかったと思いますし、「超《ちょう》ポジティブ男 森裕生」は存在《そんざい》しなかったのではないかと思います。

障がいの有無《うむ》は関係なく、肩を並べて過ごしてきたからこそ、ぶつかり合いケンカも多々《たた》ありました。

クラス内では、「森の最大《さいだい》のライバル」と言われ、卒業式当日までぶつかり合っていた友もいました。

しかし、小学校を卒業し、地域の中学校に入学しても、小学校6年間の良い雰囲気《ふんいき》のまま、それに中学校は小学校の半分の3年間だし、この調子《ちょうし》で中学校でも楽しくやっていけるのではないかと思っていましたが、世間《せけん》はそんなに甘《あま》いものではなく、中学校3年生になったあたりから、少しずつ世間《せけん》の厳《きび》しさを知っていくのでした。

第3章

天国から地獄

中学校入学まえに

私がこれから入学しようとしている老司中学校の校区《こうく》は、老司小学校と鶴田小学校校区の子供たちが入学していく中学校です。

私が入学する前に、中学校の職員会議《しょくいんかいぎ》でこういう議題《ぎだい》が上がったようです。

「今度、老司小学校の方から、脳性《のうせい》マヒという障がいを持った、森裕生という男の子が本校に入学して来ますが、先生方の中でどなたか担任《たんにん》をしていただける先生はいらっしゃいませんか？　挙手《きょしゅ》をお願いします。」

という議題というか、呼びかけがあったそうです。

挙手をしてくれた先生が、私にとって恩師《おんし》でもあり、この先の話の中で「人生のキーマン」と呼ばせていただくことになる、植村昭博先生でした。

先生が生徒一人一人に対して、真剣《しんけん》に真正面《ましょうめん》から向き合ってくださっている姿《すがた》を見て、私もこういう大人になって、子供たちに正しいことは「正しい」、間違《まちが》っていることは「間違っている」と言える仕事をしたいと思い、講演家《こうえんか》として生きていこう。そう思ったきっかけの一つが、植村先生との出会いでした。

もし植村先生に挙手をしてもらえなかったら、私は講演家としてもそうですが、老司中学校への入学すら出来ていなかったのではないかと思います。

私が3年間の中学校生活で感じたことはたった一つ。

担任の先生の取り組み方一つで、生徒やクラスが大きく変わるということです。

人生《じんせい》のキーマンとの出会い

―楽しかった2年間―

中学校では、老司小学校出身《しゅっしん》の同級生だけではなく、鶴田小学校出身の生徒も通《かよ》ってきていて、クラスの半分は私と初対面《しょたいめん》でした。

初めの頃は担任の植村昭博先生と鶴田小の生徒は、私に対してどこか腫《は》れ物に触《さわ》るような感じでした。

この頃からズル賢《がしこ》さだけは天下一品《てんかいっぴん》だった私は、鶴田小出身の同級生が、私との関《かか》わり方がつかめてないのを知ったうえで、自分で開けられるにも関わらず、こんなお願いをしました。

「ねえ、僕の筆箱《ふでばこ》のチャックを開けてくれる？」

すると鶴田小出身の同級生は、何も戸惑《とまど》うことなく私の筆箱のチャックを開けようとしたその時でした。私と鶴田小出身の同級生のやりとりを、そばで見ていた老司小出身の同級生からすかさずツッコミが入りました。

「森君、あんた何を甘えとうとね。あのね、森君が自力《じりき》で出来ることは、手伝《てつだ》わんでいいとよ。」と言われ、私は「エヘヘ。」と苦笑《にがわらい》。

老司小出身の同級生がこの一言《ひとこと》を言ってくれたおかげで、担任の植村先生も鶴田小出身の同級生も、私に対しての関わり方が掴《つか》めてきて、小学校の時と同じように、「森君がいるクラス」ではなく「森君もいるクラス」という環境が少しずつ出来始めてきました。

そんな時の放課後《ほうかご》、植村先生から話したいことがあると言われ、先生が「体育会の件だけどさ」と言っただけで、私は大声をあげて泣き出し、10分間ぐらい泣き続けて、やっと泣き止んで植村先生が私に「なんで泣いたと?」と聞くと私はこう答えました。

「先生、僕に体育会は見学しておいてと言いに来たっちゃろ?」と…。

それを聞いた植村先生は愕然《がくぜん》とし、「まだ俺は、森にこういう風にしか思われていなかったのか。」と思われたそうです。

先生は「いや、違う。体育会での種目《しゅもく》を、クラス全体として、どういう種目が良いのかを話し合おうと思っているんだけど、どうだろう？」と言われ、私は「お願いします」と言ってその場は終わりました。

当時の老司中の体育会の種目決めは、先生たちで考えて行うケースではなく、各クラスで話し合い、その結果《けっか》を体育委員会《たいいくいいんかい》に各クラスの体育委員が持っていき、体育委員会の中で検討《けんとう》し、決定《けってい》していく形だったのです。

数日後、学級会での種目決めの話し合いの中で、徒競走《ときょうそう》の話になり、私はどんな方法で参加するのが良いのか、歩行器《ほこうき》を使って参加《さんか》した方が良いのでは？とか、ハイハイでありのままの姿で参加したほうが良いとか、距離《きょり》はどうしよう？時間が掛《か》かるけどどうしよう？など、色んな意見《いけん》や問題点《もんだいてん》を、クラス内で出し合ってくれた結果、「徒競走は森君も参加する。多少時間が掛《か》かっても、ハイハイで参加する。」多少時間が掛かることに関しては、体育委員が体育委員会で説得《せっとく》を試《こころ》みてくれるようになり、リレー種目もそれまではムカデ競争リレーだったのが、その年からは私も参加出来るようにと、クラスで提案《ていあん》してくれて、「おんぶ&ムカデリレー」に変更《へんこう》になり、生徒が生徒をおんぶして競《きそ》い合う方式《ほうしき》と、ムカデ方式を交互《こうご》にリレーで競い合う種目が増《ふ》えたりして、私も老司中のクラスの一人として、楽しく体育会に参加することが出来ました。

植村先生が担任をしてくれていた、植村学級1年3組と2年3組での中学校生活の2年間は、すごく充実《じゅうじつ》していて、仲間同士《なかまどうし》の絆《きずな》も深まり最高《さいこう》の2年間でした。

2年間、植村先生は私たち生徒に対して、どんなことでも一つ一つ真正面から大切に受け止めてくれて、生徒一人一人が安心して意見を主張《しゅちょう》出来る学級づくりをしてくれました。そんな植村先生の大きな背中《せなか》を見て、私も正しいことは正しい、間違《まちが》っていることは間違っていると、ちゃんと伝《つた》えられる大人になろうという思いが強くなりました。

今こうして講演家《こうえんか》として生きていますが、中学校で植村昭博先生と出会っていなかったら、恐らく私は「講演家」としても、「脳性マヒコミカルプロマジシャン」としても生きていなかったと思います。

植村先生は、大きな影響《えいきょう》と、人生の道しるべやヒントを与《あた》えてくれた、私にとって、かけがえのない「人生のキーマン」です。

人生のキーマンとの別れ

―地獄《じごく》の1年間―

中学校1、2年と植村昭博先生が担任を受け持ってくれて、安心して自分たちの意見を主張《しゅちょう》出来ていて、このまま3年生になっても植村先生が担任《たんにん》を受け持ってくれ、楽しく中学校生活を過《す》ごせて終《お》えるのだろうなぁと思っていました。

ところが、私が3年生になる年に、植村先生は他の学校に異動《いどう》されました。

中学校3年生からは、当然《とうぜん》ながら別の先生が担任を受け持ってくれました。

しかしながら、植村先生が担任だった時のようなクラスではありませんでした。

クラスメイトの中には、私がリハビリで早退《そうたい》する日に、毎回のように連絡帳《れんらくちょう》を書いて持ってきてくれていた友達もいましたが、その一方《いっぽう》では私に対し、毎日のように「養護《ようご》」などの差別用語《さべつようご》で、私に精神的苦痛《せいしんてきくつう》を与えるような、クラスメイトもいました。

精神的苦痛を与えられる毎日に耐《た》え切れず、担任の先生に何度も相談《そうだん》に行きましたが、先生からは「みんな高校受験《じゅけん》などで、ストレスが溜《た》まっているから、仕方《しかた》ない」と言われ、そのことを解決《かいけつ》しようとはしてくれませんでした。

困《こま》り果《は》てた私は、両親に相談し、母が先生に「裕生が虐《いじ》められているみたいですけど、間違《まちが》いないですか？」と尋《たず》ねると、先生は「はい。間違いありません。裕生くんの話した通りです。」と言われましたが、それでも先生は、その問題《もんだい》に対して解決《かいけつ》しようとしてくれなかったので、学校を休みました。

しかし、私は基本的《きほんてき》には学校が好きだったので、「明日、学校に行ったら何か良いことがあるかもしれない。」という何の根拠《こんきょ》もない、超《ちょう》ポジティブシンキングで、不登校《ふとうこう》は3日坊主《ぼうず》で終わり、学校に行きました。

でも、良いことなど、一つもありませんでした。

欠席日数《けっせきにっすう》が多いと、高校進学《しんがく》に響《ひび》くと思い、不登校3日間以来、私はズル休みをせず虐《いじ》めと闘《たたか》いながら学校に通いとおしました。

楽園《らくえん》と現実《げんじつ》 ―迷《まよ》いと決断《けつだん》―

中学3年の後半《こうはん》になると、「高校進学」という大きな壁《かべ》が、私と私の両親の目の前に立ちはだかりました。

私の両親が、私を受け入れてくれそうな、福岡市内のさまざまな高校の情報《じょうほう》を調《しら》べて探してくれたおかげもあり、障がいを持たれた方が卒業《そつぎょう》されていた、D高校が一校見つかりました。

そのD高校の専願入試《せんがんにゅうし》の内容も、レポートと面接《めんせつ》だけという何ともシンプルな内容でした。中学校時代の私の成績《せいせき》というのは、学年全体の順位《じゅんい》の上からではなく下から数えた方が早いというぐらいの成績だったので、レポートと面接のみという試験内容《しけんないよう》を聞いた時に、私も両親もこの内容なら入学出来るかもしれないと思い、受験する前に一度、そのD高校へ相談に行きました。

D高校を訪問《ほうもん》をし、先生方に受験の相談をさせていただくと、私が受験することを快《こころよ》く承諾《しょうだく》してくれました。

D高校の先生方に受験の承諾をしていただくことが出来、私は入試で提出するレポートをワープロで少しずつ書き始めていました。

数週間が経《た》ったある日のことでした。

D高校の先生から連絡《れんらく》があり「入学してから高校生活を送るうえで、何か事故《じこ》でも起きた時が心配《しんぱい》なので。」という理由《りゆう》で、私が受験することさえも断《ことわ》れました。

これでまた、私を受け入れてくれそうな高校探しは白紙《はくし》に戻《もど》りました。

探しに探してようやく見つけ出した高校でしたが、その高校から断られてしまったので、どうしようかと考えに考えましたが、答えが見つからず、とりあえず進学はしたほうが良いからという思いで、特別支援《とくべつしえん》学校（旧養護《きゅうようご》学校）の学校見学に行きました。

生まれつき障がいを持っていながら15年間生きてきて、初めて特別支援学校の中に入ってみて驚《おどろ》きました。

私が9年間、小・中学校と過ごしてきた学校とは別世界で、どこに行ってもスロープや手すりなどがあり、当時の私にとってみれば、特別支援学校が天国《てんごく》に見えてなりませんでした。

校内《こうない》見学の最中《さいちゅう》に母から「どうするね？ここに入学するね？」と聞かれ、虐《いじ》められて精神的にも疲《つか》れていた私は「これまで頑張《がんば》ってきたから、3年間だけこの学校でゆっくりしたいなぁ。」と言い、校内見学を終《お》え、私は特別支援学校に進学する気満々《まんまん》のルンルン気分で、母と一緒に帰宅《きたく》しました。

帰宅して間もなく、中学校の担任《たんにん》の先生から電話があり、

「中学校に今、O高校の先生が来られていて、そちらの高校にも今現在《いまげんざい》、身体に障がいがある生徒さんがいらっしゃるみたいで、裕生君も入学されませんか？と言っていただいていますがどうしますか？」と言われた。電話を保留《ほりゅう》にし、母が私

の元にきて、電話の内容を私に説明《せつめい》してくれました。

その話を聞いた私は悩《なや》みました…。

1分間……。

1分の間に、特別支援学校に進学すれば、天国のような生活が待っている。O高校に進学《しんがく》すれば多かれ少なかれ、間違《まちが》いなく虐《いじ》められるだろう。

これからの人生の中のあと3年間か…。

将来《しょうらい》のことや、色んなことを考えました。

当時の私にとっては、天国《てんごく》に行くか地獄《じごく》に行くかぐらいの究極《きゅうきょく》の選択《せんたく》でした。

結果《けっか》、辛《つら》いことがあるだろうと予想《よそう》出来ているのにも関わらず、ドMな私は、O高校進学という地獄《じごく》の方を選《えら》ぶ決断《けつだん》をしました。

O高校に進学することを決めた私は、O高校の入試の過去問《かこもん》を両親に買ってきてもらい、家庭教師《かていきょうし》のキレイな女子大生のお姉さんと一緒に一生懸命《いっしょうけんめい》、O高校の専願《せんがん》入試《にゅうし》に向けて勉強をし、どうにか入試《にゅうし》に合格《ごうかく》し、O高校へ進学出来ました。

第4章

暗闇の中にも。。

担任の先生が筆頭《ひっとう》に…

Ｏ高校の「社会総合学科《しゃかいそうごうがっか》ＯＡビジネスコース」に進学した私のクラスには、中学校の時から仲《なか》が良かった、やんちゃなグループの中心人物的存在だったＳ本君がいました。

私のクラスは、割《わり》とやんちゃなクラスメイトが多く、いつ虐《いじ》められてもおかしくないクラス環境《かんきょう》でした。

しかしながら、中学校の時と同様にＳ本君は、高校に進学しても、他のやんちゃなクラスメイトから一目《いちもく》置かれる存在だったので、例《たと》えば私がＳ本君に「パンを買いに売店《ばいてん》に行きたいからついて来て。」とお願いするとＳ本君は、自《みずか》らは私についていかずに、周《まわ》りにいるクラスメイトに「ちょっと、森君が売店に行きたいみたいだから、連《つ》れて行ってあげて。」と言います。他のクラスメイトからすれば、S本君の言うことは「絶対《ぜったい》」というところがあったので、渋々《しぶしぶ》私を売店へ連れて行ってくれるというような状況でした。

そのような感じで、S本君が私のことを守ってくれていたので、高校1年生の1学期《がっき》は虐められることなく楽しく終《お》え、高校生になって初めての夏休みを迎《むか》えることが出来ました。

1か月ちょっとの夏休みを終え、2学期に入り学校に行ってみると、新学期が始まっているというのに、2~3日経《た》ってもS本君は姿《すがた》を現《あらわ》しませんでした。

その時私は、少しだけ嫌《いや》な予感《よかん》がしました。

当時の私は両親に車で送迎《そうげい》をしてもらっていたので、ほぼ毎日のように一番乗りで登校していました。

ある日の朝に、担任の先生に「最近《さいきん》、S本君の姿を見ないけど、どうしたんですか?」と尋《たず》ねてみると先生が「おう、S本なら1学期で学校を辞《や》めたぞ。」と言われました。

私の嫌《いや》な予感《よかん》は、ものの見事《みごと》に的中《てきちゅう》しました。1学期の間《あいだ》は、S本君が私を守っていてくれていたから、私は虐められず済《す》んだようなものです。

2学期が始まり間《ま》もなく、私に対する「いじめ」が始まりました。

しかもその「いじめ」のきっかけを作ったのは、皆さんには想像《そうぞう》もつかないと思いますが、クラスメイトではなく、担任の先生本人でした。

担任の先生がクラスメイトを始め、学年の生徒《せいと》の前でも、私が話す物真似《ものまね》をするようになり、その先生がする私の物真似をきっかけに、クラスメイトからも私が話す物真似や「お前が来るような学校じゃないのに、何でお前はこの学校に来たと？」など、私が精神的《せいしんてき》に苦痛《くつう》になるような、さまざまな言葉を浴《あ》びせ続けました。

中学校3年生の時同様《どうよう》に、精神的に疲《つか》れてきていたので、何度か学校を転校《てんこう》するか辞《や》めるかしようと思い、両親と共に担任の先生と話をするために、先生の元へ行きました。

「学校を辞めようと思います。」というような話をすると、私が「いじめ」にあう切《き》っ掛《か》けを作った当の本人が、私と私の両親の前で涙を流しながら「お前がいなくなったら、俺は…。」というような話をして、何度も引き止められました。

先生の行動《こうどう》や言動《げんどう》は、私にはまったく意味《いみ》が分かりませんでした。

私が、精神的に疲れる度《たび》に両親は、先生の元へ行ってくれ、話し合ってくれました。何度も先生と両親が話し合いをする中で、父が先生に言い放《はな》ってくれた言葉が今でも忘れられません。

「先生、この子はね、辛《つら》い思いをして自殺《じさつ》をしたくても、自殺すら一人では出来ないんですよ。先生は、そういうこの子の辛さがわかりますか？」と言ってくれた時の父の姿《すがた》を見て、その時に初めて「父《とう》ちゃんカッコイイ」と思いました。

両親と先生との話し合いは何度もありましたが、その甲斐《かい》もむなしく私に対するクラス内での「いじめ」は卒業《そつぎょう》するまで無くなることはありませんでした。

このＯ高校には、私に辛《つら》い思いをさせる先生だけではなく、親切《しんせつ》な先生もいました。体育科《たいいくか》の梶屋とよみ先生や、ゴルフ部の顧問《こもん》をされていた田中宏明先生、このお二人の先生は、毎日虐《いじ》められていた私にとっては、大きな救《すく》いとなる存在でした。田中先生は、私を虐めている担任の先生を叱《しか》ってくれたり、廊下《ろうか》などですれ違《ちが》ったりした時にはいつも「森、元気にしているか？」と、声をかけくれたり、冗談《じょうだん》を言って私を笑わせてくれり、また先生の時間に余裕《よゆう》がある時には、色んな「エロ話」をしてくれました。「田中先生が、私のクラスの担任の先生だったらよかったのになぁ。」と思うぐらい、精神的《せいしんてき》にボロボロだった私を優《やさ》しく支《ささ》えてくれました。

大人になった今でも、田中先生と共通《きょうつう》の知人の皆さんと、年に何回かは食事をご一緒《いっしょ》させていただいております。

体育科の梶屋先生も、私が1年生の後半から陸上部《りくじょうぶ》に入部《にゅうぶ》をし、練習《れんしゅう》に励《はげ》んでいると、練習について、アドバイスしてくださったり、当時「身体障がい者陸上競技」の車イスでの短距離《たんきょり》と投擲種目《とうてきしゅもく》をしていた私に、車イスでの短距離走を走る時に、手に肉刺《まめ》が出来にくくなるように、手袋《てぶくろ》を買ってきてくださったり、時には色んな相談事にも乗ってくださいました。
このお二人がいなければ、おそらくO高校での卒業は、出来ていなかったと思います。
梶屋とよみ先生と田中宏明先生のお二人には感謝の気持ちでいっぱいです。

親友《しんゆう》との出会い

私が選択《せんたく》した「社会総合学科《しゃかいそうごうがっか》ビジネスコース」のクラスは3クラスあり、そのうち1クラスだけは進学《しんがく》コースで、進学コースの生徒は、ほぼ毎日のように通常《つうじょう》の授業の前に朝補習《ほしゅう》を受けていました。

両親の仕事《しごと》の都合《つごう》で、毎日一番に登校して時間をもてあましていた私は、担任の先生の「たまには隣《となり》のクラスを覗《のぞ》いてみては？」という誘《さそ》いもあり、隣の進学コースのクラスを覗いてみました。後に親友となるのですが、そこに、朝の補習《ほしゅう》を終えてクラスメイトと楽しそうにしゃべっていた、S井君がいました。

私もS井君が楽しそうにしゃべっている輪《わ》の中に入れてもらい、仲間扱《なかまあつか》いしてもらったおかげで、2学期が始まって以来、久しぶりに楽しい時間を過《す》ごすことが出来ました。

虐《いじ》められて自分のクラスに居場所《いばしょ》がなかった私は、休み時間になる度《たび》に、隣のクラスのS井君の元へ遊びに行くようになりました。

S井君が学校を休んでいる日には、学校の公衆《こうしゅう》電話からS井君の携帯《けいたい》電話や自宅《じたく》に電話をかけるほど、（軽《かる》いストーカーのように）私にとってS井君は、大きな存《そん》在《ざい》でした。

2年生になり、担任の先生から提案《ていあん》があり、私はS井君と共に生徒会《せいとかい》に入り、福《ふく》祉《し》ボランティア委員会《いいんかい》という、その年から新《あら》たに作られた委員会の、私は委員長《いいんちょう》として、S井君は副《ふく》委員長として活動《かつどう》をともにすることになりました。

クラス内では高校を卒業するまで虐められていましたが、S井君と出会えたことでクラス外に、多くの仲間を作ることが出来ました。

S井君との付き合いも高校を卒業したら終わってしまうのかなぁと思っていましたが、高校を卒業しても、私とS井君との付き合いは続き、S井君が高校卒業をして中型《ちゅうがた》のバイクの免許《めんきょ》を取得《しゅとく》しバイクを購入《こうにゅう》すると、私を後ろに乗せて仲間たちとともにツーリングに行ったり、S井君が一人暮《ひとりぐ》らしをしていたアパートで、夜な夜《よなよ》な語り合ったりと、私にとって「良き親友」であり「良きライバル的存在」になっていきました。

二人とも大人になり成人《せいじん》をし、S井君は高校の時からやっていた芝居《しばい》を本格的《ほんかくてき》に埼玉県で始め、私は私であるきっかけでプロマジシャンの道へ進み、「いつか同じ舞台《ぶたい》に立ちたいね」と言いながら、お互い違う世界で活動を続けていました。

そんな中、今から数年前のことでした。

私もS井君もそれぞれ10年近く活動を続けてきて、そろそろ「一緒にやってみようか」という話から、S井君が脚本演出《きゃくほんえんしゅつ》をし、S井君の芝居仲間《しばいなかま》と一緒に舞台《ぶたい》に立つことになりました。

お芝居の稽古《けいこ》は埼玉県の方で行い、本公演《ほんこうえん》は福岡市内のホールで2日間に渡《わた》り行うことが出来ました。

私も10代の時に、S井君の影響《えいきょう》もあり、役者《やくしゃ》になりたいと思っていた時期《じき》があり、私にとっては役者として、芝居《しばい》の舞台に立つことは一つの夢というか目標《もくひょう》でした。

しかし、10年近く人前で講演《こうえん》させていただいたり、マジックショーをさせていただいたりして、人前に立つことに関しては何も抵抗《ていこう》はありませんでしたが、自分ではない何かを演《えん》じるということは初めてのことでしたので、どのように表現《ひょうげん》をしていいのか戸惑《とまど》いの連続《れんぞく》でした。

しかし、S井君を始めとし、芝居仲間やスタッフの皆さんが支えてくださったおかげで、私とS井君二人の目標《もくひょう》を、かなえることが出来ました。

生徒会《せいとかい》と陸上部《りくじょうぶ》

私は高校在学中《ざいがくちゅう》、1年生の後半から北海道に合宿《がっしゅく》に行けると聞き、そんな不純《ふじゅん》な動機《どうき》で陸上部に入部《にゅうぶ》しました。

当時のO高校は、柔道部《じゅうどうぶ》と野球部《やきゅうぶ》、そしてゴルフ部は全国大会に出場している生徒や、高校卒業後にプロの道に進んでいる先輩が多数いましたが、私たち陸上部は3学年合わせても部員が少なく、一番多い時でも、10名に満《み》たない位の小さな部でした。

そのため、広い運動場は野球部に占領《せんりょう》されていて、私たちは運動場のバックネット裏《うら》にある、幅《はば》3メートル、奥行《おくゆき》80メートル程の小さなスペースで、放課後《ほうかご》に毎日練習していました。

福岡市障がい者スポーツ大会に出場

私は、身体障がい者陸上競技《りくじょうきょうぎ》種目中の、車イスで競技をする短距離種目《たんきょりしゅもく》の60メートル走と、投擲《とうてき》種目のビーンバッグ投《な》げを選択《せんたく》しました。

ビーンバッグ投げという競技は、大豆《だいず》などを入れた、重さ150グラムで12センチ四方《しほう》の袋《ふくろ》を、車イスに座った状態で投げて飛距離《ひきょり》を競《きそ》い合う競技《きょうぎ》です。

年1回、秋口《あきぐち》に開催《かいさい》される「福岡市障がい者スポーツ大会」に向けて、私は練習に励《はげ》んでいました。

私は陸上部に入部《にゅうぶ》をし、間《ま》もなかったのですが一生懸命《いっしょうけんめい》、毎日練習に励《はげ》み、力試《ちからだめ》しも兼《か》ねて、1年目から秋口のスポーツ大会にエントリーをし出場しました。

大会に初出場した年は、私がエントリーをしていた60メートル走と、ビーンバッグ投《な》げにエントリーしていた出場者《しゅつじょうしゃ》がたまたま少なかったため、私が出場した2種目とも、優勝《ゆうしょう》することが出来ました。

昼間クラス内で虐《いじ》められていて、居場所《いばしょ》がなかったのですが、陸上部に入部したことにより、後輩《こうはい》たちなどの仲間も出来、放課後の部活動《ぶかつどう》の時間は、有意義《ゆういぎ》な時間を過ごすことが出来ました。

2年生になり部活《ぶかつ》とは別に、私は親友のS井君と共に、生徒会《せいとかい》に入ることになり、部活と生徒会活動を両立《りょうりつ》する日々が始まりました。

生徒会活動といっても年に数回ボランティア活動などする程度《ていど》で、日々の生徒会活動といえば、生徒会室や近くの神社《じんじゃ》に集まり、生徒会議という名の雑談《ざつだん》をする程《てい》度《ど》で、そこまで活発《かっぱつ》に活動していなかったのですが、生徒会でも親友のS井君を始めとし、生徒会の先輩《せんぱい》や同級生、後輩たちという良い仲間たちのお蔭《かげ》もあり、1年間でありましたが、充実《じゅうじつ》し過ぎなくらい充実した1年間でした。

2年生になり部活の方でも、唯一《ゆいいつ》、一人だけ同級生の部員《ぶいん》が腰痛《ようつう》持ちになり、1年の終わりに退部《たいぶ》してしまったため、2年生で在籍していたのは、私一人となりました。2年生の後半くらいになると、先輩方が引退《いんたい》され、たった一人の2年生だった、しかも身体障がい者の私が必然的《ひつぜんてき》にキャプテンになりました。

福岡市障がい者スポーツ大会に出場
投擲種目　ビーンバッグ投げで連覇

キャプテンになったからには、後輩の練習のアドバイスなどもしなくてはいけませんでした。

一級身体障がい者の私が…。

一番答えに困ったのは、後輩から「先輩、走るフォームをチェックしてください。」と言われた時でした。戸惑《とまど》いながらも私は「…いいよ。」と答えたものの、内心は「真面《まとも》に歩くことも出来ない私に、フォームのチェックをしてくださいと言ってくるコイツは只者《ただもの》ではない。」と思いながら、顧問《こもん》の先生の見様《みよう》見真似《みまね》で、適当《てきとう》にアドバイスをしていました。

このようにキャプテンとしての活動をしながら、秋口の福岡市障がい者スポーツ大会での2連覇《れんぱ》に向けて、自分の練習にも励《はげ》んでいました。

その結果《けっか》、スポーツ大会2連覇を達成《たっせい》し、福岡市代表として全国大会に行ける切符《きっぷ》を手に入れましたが、全国大会に行くには、福岡市代表選手の選考会《せんこうかい》にエントリーし、選ばれないといけないのです。

ある日私は、選考会の募集要項《ぼしゅうようこう》が記載《きさい》されていた市政《しせい》新聞を見つけだし、次の日顧問《こもん》の先生に、その市政新聞を持って行き見せてみると、「森、お前は馬鹿《ばか》か。この期間中《きかんちゅう》は修学旅行《しゅうがくりょこう》で、アメリカの西海岸《にしかいがん》に行っている最中《さいちゅう》やないか。」と言われ私も納得《なっとく》して、その年の福岡市代表の選考会にエントリーすることを諦《あきら》めました。

そのことから、数週間経《た》ったある日の早朝《そうちょう》のことでした。

私が両親に手伝ってもらいながら学校に行く支度《したく》をしていると、一本の電話が鳴《な》りました。

母が出てみると、電話口で「おめでとうございます。福岡市代表に選ばれました。」ということを聞き、母も私も選考会にエントリーしていないのに、なぜ福岡市代表に選ばれたのだろう？と不思議《ふしぎ》な気持ちのまま学校に行き、福岡市代表の選考会の募集要項を見せに行った時「お前、馬鹿か」と言い、修学旅行期間中といって止《と》めてくれた、顧問の先生にその話をしてみると、満面《まんめん》の笑《え》みで「おう。連絡《れんらく》が着《つ》いたか。」と言われましたが、私には意味《いみ》が分かりませんでした。

ちなみに私のクラスの担任の先生と、陸上部の顧問の先生は同一人物です。

皆さん、もうお気づきでしょうか？私はこの先生に、完全《かんぜん》にハメられました。

私に「お前、馬鹿か」言った後、勝手《かって》に福岡市代表の選考会にエントリーしていたのです。

あまりのことで、私は言葉になりませんでした。

一度は福岡市代表を辞退《じたい》し、全国大会に出場することを諦《あきら》めて、修学旅行に行くことも考えた悔《くや》しさと、私の「売られたケンカは高く買います魂《だましい》」に火がつき、全国大会に出場することに決めました。

なんと全国大会の開催地《かいさいち》は熊本県で、西海岸までかかる時間の、10分の1くらいの時間で、しかも車で行けちゃうという、良く言えば移動《いどう》時間が少なくて、無駄《むだ》な体力を消耗《しょうもう》せず良かったのですが、西海岸を諦《あきら》めて全国大会を選んだのだから、せめて九州県外が良かったなぁと思いながらも、全国大会に出場することを決めてからは、朝の練習も始めました。

全国大会に向けてこれまで以上に練習に励《はげ》みました。その結果、全国大会では両競技とも6位でした。そう、全国で6本の指に入ったのです。何人の出場者がいたかは、深く聞かないでください。

3年生になり進路《しんろ》のことを真剣《しんけん》に考えなくてはいけなくなった私は、全国大会6位という形跡《けいせき》を残し、陸上部を引退《いんたい》することになりました。

進路

高校3年生ともなると、「進路」という大きな壁《かべ》が、私と両親の目の前に立ちはだかりました。大学進学など、さらさらする気はなかった私と両親は、高校卒業後どのようにしていこうかと悩《なや》んでいました。

いつも私が困ったときや悩んだときに相談にのってくださっていた、体育科の梶屋とよみ先生に相談してみたところ、「こういう学校が、北九州市の方にあるみたいよ。」と言っていただいたのは「福岡県障害者職業能力開発校《しょくぎょうのうりょくかいはつこう》」の学校案内《あんない》のパンフレットでした。

福岡県障害者職業能力開発校という学校は、どんな学校かというと、身体《しんたい》・精《せい》神《しん》・知的《ちてき》など、様々《さまざま》な形で障がいを持っている方々が、就職《しゅうしょく》に向けてスキルアップを図《はか》ることが出来る職業訓練校《しょくぎょうくんれんこう》です。

私も高校での3年間、事務《じむ》の仕事に就《つ》くために、ＯＡビジネス科でエクセル、ワード、電卓《でんたく》、簿記《ぼき》などを学《まな》んでいましたが、就職するためには、もう少しスキルアップした方が良いのでは？　と思い、福岡県障害者職業能力開発校の入試を受験することにしました。

入試《にゅうし》の内容は、国語と数学の筆記試験《ひっきしけん》と面接《めんせつ》でした。

しかしながら、中学校の時同様《どうよう》、あまり学力が高い方ではなく、むしろ学年の成績順位表《せいせきじゅんいひょう》を見るときは、下から数《かぞ》えた方が早いくらいで、その中でも最《もっと》も苦手《にがて》としていたのが、国語と数学でした。

それでも一応《いちおう》、受験に向けて勉強はしましたが、時すでに遅《おそ》しで、筆記試験の方はボロボロな結果に終わり、筆記試験後に行われた面接に私はすべてをかけました。

そして私は、面接の最後に面接官《めんせつかん》の先生に、こんなことを言いました。

「この科1本なので、よろしくお願いします。」と伝え、入試を終え両親とともに車で帰宅《きたく》しました。

両親は合格発表《ごうかくはっぴょう》があるまで、入試には落ちたと思っていましたので、入試から数週間が経《た》ったある日の夕方のこと、母がキッチンで夕飯《ゆうはん》の準備《じゅんび》をしながら、私にこう話しかけました。

「裕生、あんた分かってるよね。もし入試に落ちてたら籠《かご》の中の鳥やけんね。」と。

入試に合格すれば、口うるさい両親から離《はな》れて、楽しい寮生活《りょうせいかつ》を送ることが出来るが、落ちれば地獄《じごく》の籠《かご》の中の鳥のような生活が待っていると思うと、私の顔は引き釣《つ》り、私は神にもすがる思いで、合格していることを祈《いの》りました。

そして、合格発表当日がやってきました。

私はパソコンを立ち上げ、福岡県障害者職業能力開発校《しょくぎょうのうりょくかいはつこう》のホームページを開き、合格発表のページを閲覧《えつらん》してみたところ、奇跡《きせき》が起こりました。

なんと、筆記試験はボロボロな結果だった私の受験《じゅけん》番号が記載《きさい》されており、合格していたのです。

神様は、私を見捨《みす》てはしなかったと思い、本当に心から喜《よろこ》びました。

入学後に、私のクラスの担任の先生が、入試の時の面接官《めんせつかん》の先生だったので、なぜ合格出来たかと尋《たず》ねてみると「筆記試験《ひっきしけん》はボロボロな結果だったが、森が面接の最後《さいご》に、『この科1本なので、よろしくお願いします。』と言った、あの一言で決めた。」と聞き、何でも自分の思いを伝えるということは、大切なんだなぁと実感《じっかん》しました。

こうして私はめでたく、籠《かご》の中の鳥のような生活を送ることなく、両親の元《もと》を離《はな》れ楽しい学校生活と、寮《りょう》生活を送れるようになりました。

第5章

一生楽笑

両親から離《はな》れて

奇跡的《きせきてき》に合格出来た私は、めでたく両親の元から離れて、楽しい寮《りょう》生活と学校生活を送るようになりました。

障がいを持って生まれてきた私ですが、18年間、健常者《けんじょうしゃ》の中で育ち、暮《くら》してきたので、障がい者の中で生活をするというのは初めてのことでした。

入学して、周りの生徒を見てみたところ、聴覚《ちょうかく》、発達《はったつ》、内部疾患《ないぶしっかん》、四肢麻痺《ししまひ》、脊髄損傷《せきずいそんしょう》など、さまざまの障がいを持たれている方たちがいました。

その中でも私は、障がいが重い方でした。

当時、私は歩くことは出来たのですが、校内も寮内も完璧《かんぺき》すぎるほどバリアフリーが整《ととの》っていたこともあり、学校でも寮生活でも、自走式《じそうしき》の車イスに乗って生活をしていました。

入学をして間《ま》もない頃に、初めての三者面談《めんだん》が行われました。

三者面談で、担任の先生と私と母とが話している中で、担任の先生がこう話し始めました。

「いや〜、森を合格させたのですが、こんなに障がいが重いとは思いませんでした。就職《しゅうしょく》はないものだと思っていてください。」と言われ、就職するためにこの学校に入った私は、ショックで愕然《がくぜん》としました。

ショックを受けた私は、「どうせ就職が出来ないのなら…。」と思い、その日の放《ほう》課《か》後《ご》に友達の車に乗せてもらい、コンビニに行きブリーチ材を購入《こうにゅう》し、髪の毛を金《きん》髪《ぱつ》にして次の日学校に行きました。

金髪で学校に通い始めて2、3日経《た》った日のことです。副担任の先生から「あんた、いい加減《かげん》にしなさい。」と怒《おこ》られ、渋々《しぶしぶ》髪の毛を黒に戻《もど》しました。

ブリーチ材を購入するのに700円ほどかかったお金が、3日間でパーになりました。

今思えば700円あったら、1日2本はジュースを購入することが出来たなと思ってしまいます。

気持ちを改《あらた》め、髪の毛を黒く戻した私は、一生懸命《いっしょうけんめい》に就職活動をしていました。

なぜ私が一生懸命に就職活動を始めたかというと、高校在学中とは違い、虐《いじ》められることもなく充実《じゅうじつ》していた私は、同じクラスの中にいた、年上の内部疾患《ないぶしっかん》の障がいを持っている、11歳年上の女性に恋をしていたからです。

そう、私が一生懸命になる時は、必ず何かしらの「不純《ふじゅん》な動機《どうき》」があるのです。

まだ両思いにもなっていないのにも関わらず、就職を決めてその女性を幸せにしたいと思っていました。

何の根拠《こんきょ》もない、若さゆえの勢《いきお》いとパワーって凄いなぁと、当時の私に、今の私は感心します。

自分よがりの何の根拠もない「愛のパワー」を持ち、就職活動を一生懸命に励《はげ》んでいた私は、冬休みに入り地元に帰り、福岡中央ハローワークの障がい者雇用《こよう》担当の方に挨拶《あいさつ》をしに行ったついでに、求人票《きゅうじんひょう》を見ていると、アルバイト員としての求人ではありましたが、事務職《じむしょく》にも関わらず、電話応対《おうたい》もなくデータ入力のみの業務内容で、言語《げんご》障がいがある私にぴったりの求人を見つけることが出来、すぐに面接を申し込み、面接をしていただけることになりました。

面接当日、私は着慣《きな》れないスーツを着て面接に挑んだところ、奇跡的《きせきてき》に面接終了直後に面接担当の方から、合格の答えをいただくことが出来ました。

面接を終え、面接先の企業《きぎょう》が入っているビルの1階のロビーのベンチに座《すわ》って待っていてくれた母のところに急いで戻り、合格したことを伝えると、母がロビーのベンチに座ったまま泣いて喜《よろこ》んでくれたことを今でも覚えています。

「根拠《こんきょ》のない愛」を抱《いだ》いていた年上の女性とは、クラス内で一番人気がある女性ということもあり、私とその年上の女性が結《むす》ばれることは結局《けっきょく》ありませんでしたが、その年上の女性に対する、根拠のない愛のパワーのお陰《かげ》もあり、学年でもクラス内でも一番障がい重く、就職するのも一番難《むずか》しいだろうと言われていた私が、卒業の資格《しかく》はいただきましたが、1月の下旬《げじゅん》には学校を去り、クラス内で一番先に就職をすることが出来ました。


その9か月間の学校生活の中で、一番思い出深い出来事があります。

当時、日常《にちじょう》生活の大半《たいはん》を車イスで過《す》ごしていた私は、言う必要《ひつよう》もないと思い、私が歩けることを周《まわ》りには言わずに過ごしていました。

ある日の夜中、寝ていた私はトイレに行きたくなり、何も考えずに歩いて行った方が早いと思ったので、歩いてトイレに行きました。

たまたまクラスメイトがトイレにいて、驚《おどろ》いた顔をして「森君が歩いている。」

と驚《おどろ》かせてしまい、その翌日《よくじつ》の朝から寮内《りょうない》と学校内で、その話が広がりに広がって、クラスメイトからは笑いながら「今まで私たちを騙《だま》しやがって。」とか「車イスだから優《やさ》しくしていたのに。」など、いじられたことがありました。

とても充実《じゅうじつ》していたせいか、暖《あたた》かい仲間に巡《めぐ》り合えたからかは分かりませんが、9か月間という月日があっという間に過ぎていった、そんな気がしました。

社会人1年生

奇跡的に就職《しゅうしょく》することが出来た私は、福岡市の中心部《ちゅうしんぶ》にある勤《つと》め先まで、天気が良い日は、家から片道《かたみち》40~50分かけてバス通勤《つうきん》をしていました。

勤め先は全国的にも名の知れた、大手の人材派遣《じんざいはけん》会社でした。

当時、社内で私が行っていた業務《ぎょうむ》内容は、その会社に登録《とうろく》されている派遣スタッフの名前・性別《せいべつ》・年齢《ねんれい》・学歴《がくれき》・職歴《しょくれき》・取得資格《しゅとくしかく》などの情報《じょうほう》が記載《きさい》されている書類《しょるい》を元に、パソコンを使って端末《たんまつ》ソフトに入力していく作業《さぎょう》でした。

そのような業務を、毎日朝10時から夕方17時まで行っていました。

通勤して行く中で、天気が良い日はバス通勤をしていましたが、天気が悪い雨の日などは、勤務先の近くまで、両親に車で送迎《そうげい》してもらっていました。

勤務先に両親に車で送ってもらい車から降《お》りる時も、仕事を終え車に乗り込む時も、福岡市の中心部ということもあり、歩道《ほどう》に停《と》めてある自転車が沢山《たくさん》あって、車の乗降《のりおり》が非常《ひじょう》にしづらくて困《こま》っていました。

そこで私は、歩道にこれだけ多くの自転車が止まっていることによって、私以外の障がい者を始め、年を取られて身体的な機能《きのう》が低下《ていか》された高齢者《こうれいしゃ》の方や、小さな子供を連れて歩く方などにも危険《きけん》が伴《ともな》うし、困っているのではないかと思い、何か解決策《かいけつさく》はないかと友達を集め、作戦会議《さくせんかいぎ》を行うことにしました。

みんなで話し合った結果《けっか》、「嘆願書《たんがんしょ》」と「署名用紙《しょめいようし》」を作成《さくせい》し、福岡市の中心部の街頭《がいとう》で署名活動《かつどう》をして、集めたその署名を市役所《しやくしょ》に提出《ていしゅつ》することに決めました。

みんなに協力してもらえたおかげもあり、街頭での署名活動を行った際《さい》にも、福岡市内に在住《ざいじゅう》の方はもちろんのこと、その他にも他県の方にも署名していただくことが出来ました。

こうして予想《よそう》以上に沢山《たくさん》の方たちから、署名をいただくことが出来ました。

その後、署名を持ち、市役所の方へ提出しに行きました。

市役所に署名を提出し、しばらく経《た》つと、歩道に自転車を停める場合でも有料化《ゆうりょうか》になり、1台1台にストッパーが付くようになり、停めている自転車が倒《たお》れてくる恐《おそ》れもなくなり、ずいぶんと整備《せいび》され、車への乗降も歩道での歩行《ほこう》もしやすくなりました。

私もストレスなく通勤《つうきん》出来るようになったのですが、入社《にゅうしゃ》してから1年が経《た》ち契約期間満了《けいやくきかんまんりょう》に伴《ともな》い更新《こうしん》はしてもらえず、勤《つと》め先を退職《たいしょく》することになりました。

転機

障がい者が失業《しつぎょう》した場合、当時は再就職《しゅうしょく》出来るまでに時間が掛《か》かることもあるので、失業保険《しつぎょうほけん》を受給《じゅきゅう》出来る期間は10か月と、国の決まりで定《さだ》められていました。

1年間、アルバイト員として勤《つと》めた会社を退職《たいしょく》した私は、一度は再就職をすることも考え、失業保険をもらいながら就職活動をしていましたが、なかなかパソコン業務《ぎょうむ》のみで働けそうな求人《きゅうじん》に巡《めぐ》り合うことが出来ません。

これまで19年の間突《あいだっ》っ走《ぱし》って来たので、一度立ち止まり、自分が今一番やりたいことは何かを考えてみました。そして、高校在学中の時から憧《あこが》れていた音楽活動をやってみようと思いました。

なぜ音楽活動だったかというと、幼少時《ようしょうじ》から歌を歌うことは、リハビリにもいいということもあり、当時父親が行きつけだったスナックで、まだお客さんがあまり入っていない時間帯《たい》にお店に行き、お店のステージでお客さんが増えてくる時間帯まで、ずっとマイクを離《はな》さずに握《にぎ》りしめて演歌《えんか》を歌っていました。そのことが切っ掛けで、中学校の後半あたりまでは、ずっと演歌を歌っていました。

幼少時そういったことがあり、音楽が大好きでたまりませんでした。

ちなみに、幼少時からスナックで歌うことで音楽が好きになったのはよかったのですが、皆さんもご存知《ぞんじ》の通り、スナックのようなお店には、キレイなお姉さんが沢山います。

幼少時から、そのような環境《かんきょう》で育てられたことにより、かわいい女の子が大好きな私が出来上がったのではないかと思われます。

それはさておき、話を戻《もど》しましょう。

友達とカラオケに行った時でも、演歌しか歌うことが出来ずにいた私は、私が歌う出番の前に、友達が流行《はやり》の歌を歌い、場が盛《も》り上がっていても次の出番は私ですから、盛り上がっている雰囲気《ふんいき》の中、渋《しぶ》めで地味なメロディーが流れてきて、私が歌い始めると、なんとも言えない妙《みょう》な雰囲気になるというその繰《く》り返しでした。

これではいけないと思い、それからＪＰＯＰ・バラード・フォーク・ロック・洋楽なども聴《き》くようになりました。

色んなジャンルの音楽を聴くようになり、これまで以上に音楽が好きになっていきました。音楽は、虐《いじ》められていた時も、友達や家族の支《ささ》えのほかに、友達や家族とはまた違《ちが》う、別の大きな支えとなっていました。

辛《つら》い時に支えられていた音楽で、何か人の役に立てることは出来ないかと思い、バンドを結成《けっせい》することを決めました。

バンドメンバーを、どのようにして募《つの》っていこうかと悩《なや》みながら、家の近くのボランティアセンターに相談《そうだん》したところ、ボランティアセンターが月に何度か発行《はっこう》している情報誌《じょうほうし》に、バンドメンバー募集《ぼしゅう》の記事を記載《きさい》してもらえることになりました。

バンドメンバー募集の記事が記載された情報誌が発行されて数日が経《た》つと、少しずつメンバーとして協力してくれる方たちが集まり始めました。主婦《しゅふ》や社会人や学生などどんな機会《きかい》がなければ出会えなかっただろうと思うような方たちが、快《こころよ》く協力してくれたおかげで「ＳＯＵＮＤＭＥＲＲＹ」を結成《けっせい》出来ました。

バンド名は、私が考えました。

由来《ゆらい》はカッコよく見せたり可愛《かわい》く見せたり、うまく奏《かな》でて聴《き》かせるだけが「音楽」の魅力《みりょく》ではなく、ＳＯＵＮＤ「音」、ＭＥＲＲＹ「楽しむ」という考え方で、音を楽しむことも音楽の魅力を感じられる一つではないかと思ったからです。

私自身、音楽を聴くことも歌うことも大好きですが、ましてバンドまで組んでおきながら、決して歌はうまい方ではなく、どちらかと言えば、下手《へた》な方だと思います。

だからこそ、上手《うま》さとかだけで音楽というものを表現《ひょうげん》するのではなく、私を始め「ＳＯＵＮＤＭＥＲＲＹ」のバンドメンバー全員が、自《みずか》ら「音」を楽しむ姿《すがた》を、お客さんに見ていただくことにより、お客さん自身も音を楽しんでいただけるようにという思いを込めて「ＳＯＵＮＤＭＥＲＲＹ」というバンド名にしました。

結成当初《けっせいとうしょ》は、福山雅治さんやＨＹさん、ＧＯ！ＧＯ！７１８８さん等のコピーバンドとして活動《かつどう》を始めました。

練習《れんしゅう》をするために実際《じっさい》にスタジオに入り、音出しをしてみてわかったことがありました。

ヴォーカルの私は、ギター・ベース・ドラム・キーボードの音を聴き分けながら、タイミングをみて自分で歌い出さないといけないということに気づき、カラオケと全く違《ちが》う世界だなと実感《じっかん》させられました。

歌い出しのタイミングを取るのが大変ではありましたが、練習を重《かさ》ねるごとに少しずつ慣《な》れていき、初《はつ》ライブが決まりました。

初ライブの会場は、区役所《くやくしょ》の講堂《こうどう》で行われるボランティアセンター主催《しゅさい》のイベントでのステージでした。

当日は、色んなボランティア活動をされている方たちが、20～30名ほど集まって、様々《さまざま》な交流《こうりゅう》を深め合うようなイベントになりました。

生演奏《なまえんそう》で人前に出て歌うことは初めてだった私は、めちゃめちゃ緊張《きんちょう》しましたが、何とか無事《ぶじ》にステージを終えることが出来ました。

その区役所《くやくしょ》の講堂《こうどう》でのライブをきっかけに、病院や施設《しせつ》などのイベントに出演《しゅつえん》させていただいていましたが、ライブ終了後に毎回のようにお客さんからいただく感想《かんそう》の声は「頑張《がんば》ってるね～。」「感動《かんどう》しました。」「元気をもらいました。」というもので、私たちの音楽に対して、具体的な内容のある感想を聞かせてもらえることは、余《あま》りありませんでした。

活動範囲《はんい》を広げるために、マスコミに取材《しゅざい》をしてもらえないだろうかと思いつき、NHKの方に手紙を書きました。

すると数日後、NHKの方から連絡《れんらく》をいただき、取材をしてもらえるようになりましたが、コピーバンドではなく、オリジナルではないと取材は難《むずか》しいと言われました。

そこで、私が高校在学中から書き溜《た》めていた詩《し》が20～30編ほどありましたので、音楽活動を通して知り合い、私のことをとても可愛《かわい》がってくださっていた先輩方《せんぱいがた》に、曲をつけていただくことにしました。

高校在学中に虐《いじ》められていた時に書いた「暗闇《くらやみ》の学校」と、片思《かたおも》いをしていた女性に対して書いた「ＬｏｖｅｉｎＹｏｕ」という二つの詩に、ロック調《ちょう》のメロディーと、バラード調のメロディーをつけていただきました。

そのオリジナル曲をバンドメンバーに練習してもらい、病院の春祭《はるまつ》りに出演させていただいた時に、２曲のコピー曲を交えながら披露《ひろう》することが出来ました。

音楽を通して人の役に立てるようなことがしたいと思い、バンドを結成《けっせい》した私の中には、ライブ中の私が歌っている姿を見て、障がい者に対する「かわいそう」、「怖い」、「暗い」などのマイナスなイメージを変えていけたらと思っていましたが、ライブを重《かさ》ねるごとにお客さんの感想を聞かせていただく度《たび》に、障がい者に対するマイナスなイメージを私が変えられるとしたら「音楽ではなく、他の手段《しゅだん》じゃないか。」と思い始めていました。

この頃のバンドメンバーの状況《じょうきょう》といえば、初期《しょき》メンバーで残っている人は一人もおらず、先輩方にバックアップしてもらい、かろうじてバンドが成《な》り立っているような状況でしたので、バンド活動を続けて行くことを諦《あきら》めることにしました。

私が音楽活動をしている時の先輩方のバンドメンバーは、コテコテの日本人でありながら韓国語《かんこくご》ロックという、ちょっと異種《いしゅ》でおもしろい皆さんでしたが、私はすごく可愛がってもらっていました。

先輩方の韓国語ロックバンドは、イベント会社が主催《しゅさい》する、日韓《にっかん》歌謡《かよう》大会のアトラクションのステージで日本人が韓国語の歌を歌い、韓国人が日本の歌を歌い合って優勝《ゆうしょう》を競《きそ》い合う、ライブパフォーマンスをされていました。

日韓歌謡大会は、日本と韓国の会場で行われていましたので、先輩方に便乗《びんじょう》して、日韓歌謡大会が行われる各会場に、私も連れて行っていただいていました。高校の修学旅行《しゅうがくりょこう》で西海岸《にしかいがん》に行けなかった私にとって、生まれて初めての海外旅行は、韓国《かんこく》の釜山《ぷさん》となりました。

先輩方に連《つ》れて行ってもらった釜山で、日韓歌謡大会を主催されていた、現在は株式会社PERの代表取締役《だいひょうとりしまりやく》でありながら、私も微力《びりょく》ながら理事《りじ》を務《つと》めさせていただいているNPO法人博多笑《はかたわら》い塾《じゅく》の（現）理事長もされている、小野義行さん（芸名・小ノ上マン太朗）に出会うことが出来ました。

先輩方のバンドに、障がい者の私が韓国まで付いて来ていたことに、小野さんは驚かれていました。

小野さんと色んなお話をさせていただいている中で私の仕事《しごと》の話になり、何か仕事はないですか？　と相談《そうだん》してみると、当時「ユニバーサルサービス」や「ユニバーサルデザイン」などが流行《はや》り出した時期《じき》でもあり、点字名刺《てんじめいし》の製作販売《せいさくはんばい》をしてみないか？　というお話をいただき、小野さんの会社の事務所《じむしょ》の一画《いっかく》をお借《か》りして、やってみることにしました。

これまでアルバイト員として、データ入力業務《ぎょうむ》の仕事しかしたことがなかったので、チラシの作成《さくせい》・営業《えいぎょう》アポイントの取り方など、経営方法《ほうほう》も全《まった》く何も分からないまま、ゼロからのスタートで個人事業主《じぎょうぬし》として、点字名刺製作販売《てんじめいしせいさくはんばい》の仕事を始めることになったのです。

もちろん、飛び込み営業に出向《でむ》いた先で「迷子《まいご》になった障がい者」と間違《まちが》えられたことも度々《たびたび》ありました。

小野さんの事務所に出入《でい》りさせていただいている中で、NPO法人博多笑い塾《ほうじんはかたわらいじゅく》の個性《こせい》が豊《ゆた》かすぎるくらい個性豊かな会員の皆さんにも出会うことが出来、可愛《かわい》がっていただいていたこともあり、私も博多笑い塾に入会《にゅうかい》させていただくことになりました。

NPO法人博多笑い塾とは、1999年8月に誕生し、2001年4月には全国で初めて笑いのNPO法人を取得《しゅとく》し、「笑いの健康《けんこう》」をテーマに、笑いの医学的《いがくてき》効用《こうよう》についての研究《けんきゅう》・実践《じっせん》を行っている団体《だんたい》です。

そんな個性豊かな会員がいる団体をまとめられていた当時の理事長《りじちょう》は、それこそ個性豊かな方で、お医者《いしゃ》さんでありながら、プロ並《な》みのマジックの腕前《うでまえ》を持っている方でした。

そんな中、小野さんが企画運営《きかくうんえい》された「ユニバーサルデザインフェスタ」という商業《しょうぎょう》イベントがあり、小野さんのご厚意《こうい》で、イベント会場の一画《いっかく》に、私に点字名《てんじめい》刺《し》のＰＲが出来るスペースを設《もう》けてくださいました。

その設けていただいたスペースで、お客様から数枚お預かりした名刺に点字を打っていると、アトラクションステージの方から、突然《とつぜん》怪《あや》しいＢＧＭが聞こえてきたので、ステージの方を見てみると、サングラスをかけバンダナを巻《ま》いた理事長が現《あらわ》れたのです。

理事長が、ステージ上でマジックを始めると、見ているお客さん（妊婦《にんぷ》さんではない奥様《おくさま》たち）が、重そうなおなかを抱《かか》えて笑っています。その姿《すがた》を目《ま》の当《あ》たりにした私は、ピ〜ン！　とひらめき「私が健常者《けんじょうしゃ》の皆さんに対して、障がい者のイメージを変えられるのはこれしかない。」、「マジックでお客さんを笑わせることが出来なくて、障がい者に対するイメージを変えられなければ、私は舞台《ぶたい》に立つ仕事に就《つ》くことを諦《あきら》めよう。」との思いで、私は理事長《りじちょう》に弟子《でし》入《い》りする決心《けっしん》をしました。

その旨《むね》を理事長にお話ししたところ、理事長も「森君にとっても、マジックはリハビリにもなるから。」と言って、私が弟子入りさせていただくことを快《こころよ》く承諾《しょうだく》してくださいました。

私が理事長に弟子入りしてからは、理事長が講演会《こうえんかい》やマジックショーや往診《おうしん》などで外出《がいしゅつ》される時には、福岡県内外を問《と》わず、理事長の専属《せんぞく》ドライバーとして働き、かたわらマジックの手ほどきや、ステージでの立ち振《ふ》る舞《ま》い方などを勉強させていただいたり、理事長のマジックショーの時に、少しだけ私がお客さんの前でマジックを披露《ひろう》させてもらえる時間を設《もう》けてくださったりと、およそ3年間、理事長の元《もと》でマジックを始め様々《さまざま》なことを学《まな》ばせていただきました。

３年の間、理事長のドライバーの仕事がない時には、点字名刺《てんじめいし》の製作販売《せいさくはんばい》の仕事をしていましたが、小野さんのアドバイスもあり、「サービスケアアテンダント」の資格取得に挑戦することになりました。これは主《おも》にサービス業界《ぎょうかい》で働く方が高齢《こうれい》者《しゃ》・妊婦《にんぷ》さん・障がい者という、いわゆる社会的弱者《じゃくしゃ》の方に対しての接客《せっきゃく》マナー方法《ほうほう》や介助《かいじょ》の仕方《しかた》などを講座《こうざ》で学《まな》んだ後に、レポートや実技《じつぎ》などの試験《しけん》を受けて合格点数に達《たっ》することが出来れば、資格取得《しかくしゅとく》することが出来るというものです。

本来《ほんらい》であれば私はユニバーサルサービスを受ける側《がわ》の立場《たちば》の人間なのですが、受ける側の意見《いけん》などを取り入れた上で、社会的弱者のお客様にサービスを提供《ていきょう》することで、サービスの向上《こうじょう》と社会的弱者のお客様の満足度《まんぞくど》も上がっていくのではないかと思い、「サービスケアアテンダント」を目ざしました。そのための講座を受講し、睡眠《すいみん》時間を削《けず》って一生懸命《いっしょうけんめい》勉強をし、サービスケアアテンダントの資格を取得することが出来ました。

資格証《しかくしょう》の授与《じゅよ》式を兼《か》ねたパーティーに、新聞社《しんぶんしゃ》の記者《きしゃ》が取材《しゅざい》に来てくださり、パーティーから数日後、「毎日新聞」の記事に「僕だから分かる」という見出《みだ》しで大きく掲載《けいさい》されたのがきっかけになり、私が講演会やマジックショーなどをさせていただく機会《きかい》が少しずつ増《ふ》えていきました。

およそ3年の間、マジックやサービスケアアテンダントの資格取得など、色んな方から学《まな》ばせていただいたことを元《もと》に、私は、独《ひと》り立ちすることを決心《けっしん》し、独り立ちをさせていただきましたが、その後も博多笑《はかたわら》い塾《じゅく》の会員として「笑いと健康《けんこう》」というテーマを意識《いしき》し活動を続けていました。

私が笑いの活動を始めて5年が経《た》った、ある日の夜のことでした。外でお酒を呑《の》んで酔《よ》っ払《ぱら》って、誰《だれ》もいない家に帰り、いつもテーブルの上に置いてあった生まれてからずっと服薬《ふくやく》していた発作《ほっさ》止めの薬を手に取りじっと眺《なが》めました。小学校5年生の頃に発作が来て以来、薬の量は変わってないまま10年以上も発作が来ていなかったこともあり、私はその薬を手にしてこう思いました。

「果《は》たして、この薬を飲《の》んで意味《いみ》があるのか？　飲まなかったらどうなるのか？」

そう思い私は賭《か》けに出ました。手にしていた薬を、ゴミ箱《ばこ》に捨《す》てたのです。私にとっては一世一代《いっせいいちだい》の賭けでした。

服薬しなかったことで発作が起こる可能性《かのうせい》は、0《ゼロ》ではありませんでしたし、障がいが酷《ひど》くなっていく可能性も0《ゼロ》ではありませんでした。

そもそも発作止めの薬を服薬している者には、アルコールを飲《の》むこと自体がタブーなんですから…。

服薬していた薬を捨てるようになり、1日、2日と時が過ぎていき、3日目くらいに私の様子《ようす》を見に来た母に、薬を捨てていたゴミ箱を見られ怒《おこ》られました。

しかし、服薬をしなくなってからの方が、体の調子《ちょうし》もよくなっていたこともあり、服薬しないまま年に一度の定期健診《ていきけんしん》を受けましたが、血液検査《けつえきけんさ》・尿《にょう》検査・脳波《のうは》検査を受けた後に、私が薬を服薬しているものだと思っている主治医《しゅじい》からの検査結果《けっか》は「異状《いじょう》なし。」でした。私と母は、実は薬を服薬していないことを告白《こくはく》しました。

それを聞いた主治医は驚《おどろ》いていましたが、試《ため》しに1年間、薬を服薬することを止《や》めてみることになりました。そして、薬の服薬を止めてからの1年後も、それからまた1年後も検査結果《けんさけっか》には、異状《いじょう》がなかったため、年に1回のペースで受けていた定期検査も、受けなくてよくなりました。

今こうして、講演活動《こうえんかつどう》やマジックショーの活動を続けて来られ、体が回復《かいふく》出来たのはNPO法人博多《はかたわら》笑い塾《じゅく》の（現）理事長《りじちょう》の小野さんを始め、笑招人（会員）の皆さんが支えてくださり、応援《おうえん》していただいた原点《げんてん》があったからで、私の体の機能《きのう》も少しずつ回復し、数年後には市民《しみん》マラソン大会の5キロコースに参加《さんか》するようになり、大会に参加する度《たび》に自己《じこ》ベストタイムを更新《こうしん》出来るようになりました。

この活動の原点《げんてん》になり、きっかけを作っていただいた、NPO法人博多笑い塾の皆さんには感謝《かんしゃ》しております。

本当にありがとうございます。

私は、「笑いの力」と「人から必要《ひつよう》とされる環境《かんきょう》づくり」の大切《たいせつ》さを再認識《さいにんしき》することが出来ました。

初恋愛《はつれんあい》

皆様《みなさま》は、この「初恋愛」というタイトルを目にして、どんなふうに感じられたでしょうか？

多くの方は「初恋《はつこい》」という言葉を見聞きされたことはあると思いますが、ほとんどの皆様が「初恋愛」という言葉を目にされたことは無いと思います。

私は女性に少し優《やさ》しくされただけで、その女性が私に気があるのではないかと思ってしまい、その女性にすぐ恋心《こいごころ》を抱《いだ》いてしまう傾向《けいこう》が多分《たぶん》にありました。

そのような中で私の恋が初めて実《みの》り「彼氏《かれし》彼女《かのじょ》」という、いわゆる「恋人同士《こいびとどうし》」の関係《かんけい》になれたお話をさせていただきたいと思います。

その当時、私は理事長の元《もと》でマジシャンとして独《ひと》り立ちをするため、マジックの修業中《しゅぎょうちゅう》でした。

修業をしている中で、「ハンディマジッククラブ福岡」という、マジッククラブを作り、障がい者仲間《なかま》の何名かと理事長にマジックを教《おし》えてもらいながら、ボランティアで特別支援《とくべつしえん》学校などのイベントに参加、マジックショーをさせていただくなどの活動をしていました。

そのマジッククラブの仲間の中に、私より少し年下で私が弟のように可愛《かわい》がっていた、Y岡君という子がいました。彼は私と同じ脳性マヒで、電動《でんどう》車イスで日常《にちじょう》生活を送っていました。

私の講演会などにY岡君も付いて来たりしていて、一緒《いっしょ》に活動を共《とも》にしていくうちに、周囲《しゅうい》の方たちのアドバイスもあり、私とY岡君で「ハンディキャップ」という名前でコンビを組むことになりました。

そんな日々を送る中、いつもY岡君が外出する時などに、Y岡君の車イスを押したり、食事の介助《かいじょ》をしてくれていた、年上の女性ヘルパーさんがいました。

Mr. Handy
♥♠♦♣

ギャラリー
マジックショー
ライブ　ステージ企画
光る帽子
スターライトキャップス
好評発売中
Mr. Handy

修行時代

そのうち、Y岡君はいつもお世話をしてくれるその女性ヘルパーさんに、恋心《こいごころ》を抱《いだ》くようになりました。

Y岡君が恋心を抱いている女性がいることに全《まった》く気づいていなかった私に、Y岡君の方から「実《じつ》は好きな人がいる。」と話をしてくれた時は、弟にも好きな人が出来たかと、自分のことのように喜《よろこ》びました。

ある日のこと、私とY岡君は、特別支援学校のイベントで、いつものようにマジックショーをさせてもらうことになり、イベント会場の控《ひか》え室《しつ》でY岡君と、合流《ごうりゅう》をする予定《よてい》だったので、私は自分で車を運転《うんてん》して会場まで行きました。控え室に入ると、Y岡君と噂《うわさ》の女性ヘルパーさんが私より先に来ていました。

私はそれまで、その女性ヘルパーさんに、会ったこともなければ話をしたこともなく、全くの初対面《しょたいめん》でした。

Y岡君から出ている空気感《くうきかん》でピンときましたし、彼女の名前はY岡君から聞いていたので、「初めまして。」という挨拶《あいさつ》をしただけで、この女性ヘルパーさんだと察《さっ》することが出来ました。

Y岡君のことを心から応援《おうえん》していた私は、Y岡君と他のヘルパーさんが、何かの用事《ようじ》で控え室から出て行ったタイミングを見計《みはか》らい、おせっかいと思いながらも、

「Y岡はさ、あなたのことが好きみたいだから付き合ってみたら？」と言うと、その女性ヘルパーさんが、

「いや～Y岡君は…。私、森さんの方が良いです。」

まさかの思いがけない返答《へんとう》が…。

その時、私には別に好きな女性がいたので、女性ヘルパーさんからの思いがけない返答に対して、

「そうなの？　いや、Y岡も良い奴《やつ》だから、Y岡のことで何かあれば相談《そうだん》に乗るから。」と言って連絡先《れんらくさき》を交換《こうかん》しました。

その女性ヘルパーさんとY岡君が付き合えるように、私は彼女と頻繁《ひんぱん》に連絡を取って相談に乗っているうちに、私たちは次第《しだい》に仲良くなっていきました。

私は私で好きな女性はいたのですが、その女性には彼氏がいることが分かり、私は諦《あきら》めることにしました。

Y岡君に対しては、すごく罪悪感《ざいあくかん》があったのですが、その女性ヘルパーさんに電話で告白《こくはく》をし、私はその女性ヘルパーさんと付き合うようになりました。

彼女と付き合うようになって、私は生まれて初めて「恋愛《れんあい》」というものを経験《けいけん》することになったのです。

彼女は働《はたら》きながら、幼《おさな》い女の子と男の子を育てているシングルマザーでした。だから、付き合い始めた頃《ころ》は、子供を寝《ね》かしつけた後に、彼女の家の近くまで私が車で行き、私の車の中で音楽を聴《き》いたり話をしたり、彼女の家の近くをドライブしたりして、楽しい時間を過《す》ごしていました。

ある日いつものように、二人だけの時間を楽しんで、彼女が住んでいる団地《だんち》まで送り届《とど》けようと団地の駐車場《ちゅうしゃじょう》に入ると、パトカーが2~3台停《と》まっていて、何か慌《あわ》ただしい雰囲気《ふんいき》だったので、彼女が車から降《お》りて近づいてみると、寝ていた彼女の二人の子供のうち上の女の子が、彼女がいないことに気づいて泣きながら彼女を探《さが》しに家を飛び出し、その姿《すがた》を見かけた近所《きんじょ》の住民《じゅうみん》の方が、１１０番通報《つうほう》していたのです。

おかげで事無《ことな》きを得《え》ましたが、もし女の子が泣きながら外に出たことに誰も気づかずに、そのままどこかに行っていたらと、今、考えただけでもゾッとします。

そんなことがあった直後《ちょくご》だったこともあり、その夜、私は彼女の家に泊《と》まることになりました。

次の日、私は昼間に行われるイベントに出演《しゅつえん》するために、朝早く彼女の家を出ていかなければなりませんでした。

彼女の家を出ていく前に、「今日も来てもいいかな。」と彼女に聞くと、「うん。いいよ。」と答えてくれたので、それを切っ掛けに私は彼女の家に行く度に、実家《じっか》から着《き》替《が》えなどの荷物《にもつ》を彼女の家に運《はこ》ぶようになり、ついには、デスクトップパソコンまで運《はこ》び入れ、二人の子供たちと彼女と私の四人で、生活する日々が始まりました。

一緒に生活するようになるまで、付き合い始めてから、1週間ほどしか経《た》っていなかったと思います。付き合い始めて1週間ほどで一緒に暮《く》らし始めるなんて、ほぼありえないことだと思いませんか？

こうして今、振《ふ》り返ってみると、「若さってすごいなぁ。」と思い、出来ることなら、当時の私の隣《となり》に立って、そのエネルギッシュな行動力《こうどうりょく》に心から拍手《はくしゅ》を送りたい思いに駆《か》られます。

年を重《かさ》ねていくと、恋愛《れんあい》が始まる前に終わってしまった時のことを考え、最初《さいしょ》の一歩《いっぽ》が踏《ふ》み出せないでいる私と、若き日の勢《いきお》いがあるというか…むしろ、勢いしかない私が、同一人物とは、考えられない気がしてくるのです。

さて、話は戻《もど》りますが、彼女の二人の子供たちは、上の子が当時5歳の女の子、下の子が男の子で年は一つしか違《ちが》わない姉弟でした。

付き合い始めてすぐの頃、二人の子供と彼女と私の四人で、お寿司屋《すしや》さんに初めて食事に行った時、姉弟は「この人は人間なのか？　妖怪《ようかい》なのか？」みたいな感じで、不思議《ふしぎ》そうな顔をしながら私のことを観察《かんさつ》しつつ食事をしていました。

私のことを不思議そうに観察していた子供たちも、一つ屋根《やね》の下で一緒に暮らしていく中で、私を人間だと認識《にんしき》してくれたのでしょう、私と子供たちの間にあった距離《きょり》が少しずつ縮《ちぢ》まってきました。

先に打《う》ち解《と》けてくれたのは、弟の方でした。

彼は朝起きてテンションが上がってくると、まだ寝ている私に対し、「仮面《かめん》ライダーキック！　仮面ライダーパンチ！」と言いながら、攻撃《こうげき》してくるのが朝の日課《にっか》のようになりました。

その彼の攻撃をスルーすることなく、攻撃をやり返すことにより、彼とのコミュニケーションが取れるようになりました。

でも、冷静《れいせい》に今考えてみれば、寝ている障がい者に対し、叩《たた》いたり蹴《け》ったりする行為《こうい》は社会問題《しゃかいもんだい》ですよね（笑）。

ある日のこと、私がお風呂《ふろ》に入り湯船《ゆぶね》にゆっくり浸《つ》かっているところに、お風呂の入口《いりぐち》に彼女が来て、そのまま二人で他愛《たあい》のない会話を始めました。

その会話の中で、彼女の口から「ねぇ、私たち結婚《けっこん》しようか。」という思いがけない言葉が出てきました。

付き合い初めて1か月ちょっとしか経《た》っていなかったので、私の中には「結婚」という文字《もじ》は全《まった》くありませんでしたが、お風呂に入り、リラックス状態《じょうたい》だった私は、そんなに深く考える間もなく、「うん。そうだね。」と、答えてしまいました。

個人事業主《こじんじぎょうぬし》として、点字名刺《てんじめいし》の製作販売《せいさくはんばい》の収入《しゅうにゅう》と、講演会《こうえんかい》やマジックショーの収入と、障がい者基礎年金《きそねんきん》だけでは、彼女と子供たちを十分には養《やしな》えなかったのと、「安定《あんてい》した収入がある職《しょく》に就《つ》かないと、私の両親には会わせられない。」と彼女に言われましたので、その日を境《さかい》に、私はマジックショーや講演会などを自粛《じしゅく》し、再《さい》就　職《しゅうしょく》することに決めました。

再就職することを決めて、ハローワークに行ったところ、大手企業《おおてきぎょう》のグループ会社の、総務部《そうむぶ》の契約社員《けいやくしゃいん》としての求人《きゅうじん》を見つけることが出来ました。

面接日《めんせつび》当日は、髪《かみ》は茶髪《ちゃばつ》でピアスも外《はず》し忘《わす》れて、とてもそのまま面接を受けに行くような姿《すがた》ではなかったのですが、そのまま面接を受けに行きました。

無事《ぶじ》に面接は終わりましたが、正直《しょうじき》なところ落ちたなと思い、次を探さなければとも思っていました。

面接日から数日後、まさかの嬉《うれ》しい出来事がありました。

私の携帯《けいたい》に1本の電話が入り、出てみると、数日前に面接を受けた担当《たんとう》の方から、まさかの合格《ごうかく》の連絡《れんらく》でした。

早速合格出来たことを彼女に伝《つた》え、二人で喜《よろこ》びを分かち合いました。

再就活《さいしゅうかつ》から3週間ほどで就職することが出来た私は、月曜日から金曜日まで電車《でんしゃ》通勤《つうきん》をし、朝から夕方にかけて社員名簿《しゃいんめいぼ》作成《さくせい》に、リース車両《しゃりょう》管理《かんり》業務《ぎょうむ》や社内報《しゃないほう》の作成《さくせい》などの、パソコンを使った業務《ぎょうむ》を日々《ひび》精《せい》いっぱいこなし、とても充実《じゅうじつ》した毎日でした。

彼女の方も私と同居し始めたことで、私が子供たちの面倒《めんどう》を見られるようになったので、夜勤《やきん》の仕事が出来るようになり、それまでは訪問介護《ほうもんかいご》のパートの仕事をしていましたが、介護付き老人《ろうじん》ホームの方に職場《しょくば》を変えました。

彼女の仕事が施設《しせつ》の介護職《かいごしょく》ということもあり、土日が必《かなら》ずしも休みとは限《かぎ》りません。

子供たちは、平日の昼間は保育園《ほいくえん》に通《かよ》っていたので、彼女が仕事で保育園へ迎《むか》えに行けない時は、夕方、私が仕事を終《お》え急《いそ》いで電車《でんしゃ》に飛び乗り、家の近くの駅で降りて車に乗り換《か》えて、子供たちを保育園まで迎えに行くこともありました。

また、彼女が夜勤で夕方から次の朝までいない日は、彼女が仕事に出かける前に夕食のシチューなどを作ってくれていたので、私がそのシチューを温《あたた》めて三人で夕食を済《す》ませて、子供たちをお風呂《ふろ》に入れたりもしていました。

ん？　本当に体が不自由《ふじゆう》な私が子供たちをお風呂に入れていたのでしょうか？

もしかしたら、子供たちが私をお風呂に入れていたという可能性《かのうせい》もあります。その可能性は大《だい》です。

しかしながら、子供二人を私の両腿《りょうもも》の上に座《すわ》らせ、三人で湯船《ゆぶね》に浸《つ》かっていた時ほど、私にとって至福《しふく》の時はありませんでした。

彼女がいない朝は、私は出来る範囲《はんい》で、子供たちを保育園に行かせるための準備《じゅんび》などをし、子供たちも子供たちなりに、準備を手伝《てつだ》ってくれていました。

当時の私は、カッターシャツのボタンを留《と》めることも、長めの靴下《くつした》を履《は》くことすら自力《じりき》で行うのが難《むずか》しかったため、子供たちに着替《きが》えを手伝ってもらっていました。

子供たちに着替えを手伝ってもらっているうちに、自然《しぜん》と上の女の子が、下の男の子に、「私はお兄ちゃんに、シャツを着せるから、あなたはお兄ちゃんに靴下を履かせてあげて。」と、二人の中で役割分担《やくわりぶんたん》をするようになっていきました。

初めて出会った頃《ころ》は、なかなか私になついてくれなかった上の女の子が、三人で過《す》ごす時間が多くなるに連《つ》れて、少しずつ私にもなついてくれて、その上、私の着替えを手伝ってくれる時に、弟と役割分担《やくわりぶんたん》をしてくれるようになった姿《すがた》を見て、私は改《あらた》めて障がい者で生まれてきて良かったと思いました。

なぜ私がそう思えたかというと、「自力《じりき》で何でも出来る幸《しあわ》せ。」もあれば「自力で何でも出来ない幸せ。」もあるということに気づくことが出来たからです。

もし私が健常者《けんじょうしゃ》として生まれていたとしたら、彼女とも出会えていなかったかもしれないし、この二人の子供たちにも、出会えていなかったかもしれないではありませんか。

万《まん》が一《いち》健常者で生まれていて、彼女と子供たちに出会えていたとしても、こんなに早い時期《じき》から、こうして子供たちと打《う》ち解《と》けることは出来なかったのではと思うと、私の身体的な障がいは、足のつま先から頭のてっぺんまでが、私と周《まわ》りの人たちをつなぎ合わせる「コミュニケーションツール」なんだということを、子供たちと一緒《いっしょ》に暮《く》らしていくにつれて気づかされました。

だからこそ私と子供たちの間《あいだ》の、障がいという壁《かべ》は少しずつなくなっていき、お互《たが》いが「出来ること・出来ないこと」を補《おぎな》っていける関係性《かんけいせい》を築《きず》いていけたのではないかと思います。

これはあくまでも私の経験上《けいけんじょう》での持論《じろん》にしか過《す》ぎませんが、ただいま子育《こそだ》て真《ま》っ最中《さいちゅう》の方たちに、お話し出来ることがあるとしたら、この世の中に何でも出来るような完璧《かんぺき》な人間など、まずいないに等《ひと》しいのですから、肩に力を入れて子供を育てようとするよりも、子供と寄《よ》り添《そ》い、困《こま》った時にそっと手を差《さ》し伸《の》べられる親と子の関係《かんけい》を築いていくことが大切《たいせつ》だということを申し上げたいと思います。

そのために最《もっと》も大切なのは、「コミュニケーション」ではないかと、この子供たちと共《とも》に暮《く》らしてきた9か月間の中で、子供たちから気づかせてもらうことが出来ました。

さて、これまでは、私と子供たちとの話ばかりでしたが、私と彼女との話を最後《さいご》に少しさせていただいて「初恋愛《はつれんあい》」の節《せつ》を終わりにしたいと思います。

私が再就職した後に、彼女のご両親が、故郷《こきょう》から私たちが同居《どうきょ》している家まで来てくださいました。

彼女のご両親に私が、彼女と結婚《けっこん》を視野《しや》に入れてお付き合いをさせていただいていることを伝えると、彼女の父親から、

「まだ付き合いだして2、3か月のことなんだろ？　まだこの先どうなるか分からないだろ。」と言われました。それで私は彼女に対しても、子供たちに対しても、真剣《しんけん》だという思いを精いっぱい伝えさせていただきましたが、

「あなたとうちの娘が、一生苦労《いっしょうくろう》しないといけなくなる。」というようなことを言われ、まだ若《わか》かった私は、何も言い返せずに終わってしまいました。

それでも私と彼女は、彼女のご両親に認《みと》めてもらうことばかり考えてしまい、出会った当初《とうしょ》に抱《いだ》いていた、お互《たが》いがお互いを思い合える気持ちを見失《みうしな》っていました。

付き合い始めて9か月経《た》ったある日に、些細《ささい》なケンカが引《ひ》き金《がね》となり、その夜に別れることになりました。

私は彼女と子供たちに見送《みおく》られながら、車を走らせて、ふと車内《しゃない》のルームミラーに目をやると、下の男の子が車を追《お》いかけて来てくれています。その姿《すがた》を目にして、

悲《かな》しくて寂《さみ》しい気持ちが胸にこみ上げてきて、子供たちに対して申し訳ない気持ちでいっぱいになりました。

その日の夜、私は精神的《せいしんてき》に参《まい》ってしまい、睡眠安定剤《すいみんあんていざい》を飲まないと眠れないほど、涙で枕《まくら》を濡《ぬ》らしました。

彼女と子供たちと別れて守るものもなくなり、精神的にも参っていた私は、彼女と子供たちと別れた年の12月に、１年半勤めていた会社を辞《や》めて、再《ふた》びプロマジシャンとして生きていくことを決心しました。

第6章

現実

どん底《ぞこ》の生活

私は、彼女と子供たちと別れて実家《じっか》に戻《もど》ったのですが、彼女と一緒《いっしょ》に住《す》むようになるまで使っていた私の部屋は、祖母《そぼ》が使っていたため、私が住める部屋はなくなっていました。

まだ彼女と別れて間《ま》もない頃だったので、会社勤《かいしゃづと》めをして安定《あんてい》した収入《しゅうにゅう》があったため、私は一人《ひとり》暮《ぐ》らしを始めることになりました。

家を借《か》りようと不動産屋《ふどうさんや》をあたり、借《か》りられそうな家を探《さが》しましたが、私が身体障がい者ということもあり、なかなか快《こころよ》く貸《か》してくれるオーナーさんに巡《めぐ》り会えませんでした。

そんな中、ようやく私が家を借りることを快く承諾《しょうだく》してくれたオーナさんに巡り会えました。広めのキッチンで2DKという、一人暮らしには広すぎるぐらいの間取《まど》りで、家賃《やちん》5万4千円と駐車場代《ちゅうしゃじょうだい》が6千円という、贅沢《ぜいたく》な家で一人暮らしをスタートすることになりました。

引っ越しをする際には、両親を始め、友達も手伝ってくれました。

引っ越した当初は、念願《ねんがん》の一人暮らしが出来た喜《よろこ》びで、胸《むね》を躍《おど》らせる日々でしたが、これまで彼女と子供たちと四人で暮《く》らしいたので、家に帰れば必《かなら》ず誰《だれ》かがいて、そんなに孤独《こどく》を感じることはありませんでした。

当たり前のことなのですが、一人暮らしとなると、いつ帰ろうが何をしようが、ヘルパーさんが来ている時以外は、いつも「自由」と「孤独《こどく》」の背中合《せなかあ》わせの日々でした。

そんな日々の中、寂《さみ》しさのあまり仕事が終わってもまっすぐ家には帰らずに、クレジットカードを使い、夜な夜な飲み歩いたり風俗遊《ふうぞくあそ》びをしたりと、私の収入《しゅうにゅう》以上に遊んでしまい、クレジットカードの支払《しはら》いが出来なくなったことが何度もあり、その度《たび》に両親に迷惑《めいわく》をかけていました。

そういう中で、私は社会がイメージしている「障がい者の性《せい》」の厳《きび》しさも知りました。

当時、風俗遊《ふうぞくあそ》びをしていた私が良く利用していたのが、店に電話を1本すれば、店から自宅《じたく》まで女の子を連《つ》れてきてくれる、いわいる「デリバリーヘルス」通称《つうしょう》「デリヘル」です。

私が店に電話をすると、30～40分ほどで女の子が来て、チャイムを鳴《な》らし玄関《げんかん》を開《あ》け、私の姿を見るや否《いな》や、顔の表情《ひょうじょう》が固《かた》まったまま一度玄関のドアを締《し》めて、再度《さいど》ドアを開け、女の子が私に放《はな》つ最初《さいしょ》の一言が「森さんのお宅《たく》で間違《まちが》いないですよね?」というものです。このように私に確認《かくにん》してくる女の子も少なくありませんでした。

その女の子の問《と》いかけに対して、私は満面《まんめん》の可愛《かわい》らしい笑顔《えがお》で「うん。そうだよ! こっちへおいで。」と手招《てまね》きをして女の子を自宅《じたく》に入れ、支払《しはら》いを済《す》ませた後に、エッチな行為《こうい》をしながら、その女の子が持っている、障がい者に対する偏見《へんけん》の目を変えられるような会話をしたことも多々《たた》ありました。

女性の読者の方はこの話を読んでいて、「わぁ、風俗遊《ふうぞくあそ》びなんかして、森さんって最低《さいてい》。」と思われる方も多いのではないかと思われます。

だからこそ私はあえて言わせていただきます。

この日本という国は、まだまだ「障がい者の性問題《せいもんだい》」に対し、タブー視《し》していると思います。性的欲求《せいてきよっきゅう》があるということは、一人の人間として生きているということではないのでしょうか？

本能《ほんのう》を抑《おさ》えながら皆さんは生きていけますか？

とてもではありませんが、本能を抑えながら生きていくなんて、私にとって絶対《ぜったい》に難《むずか》しいことですし、無理《むり》に等《ひと》しいことです。

なぜ、人は働《はたら》くのでしょうか？

なぜ、人は人を愛するのでしょうか？

私の場合は、毎日美味《おい》しいものを食べ、お風呂《ふろ》に入り、人並《ひとな》みの生活がしたい。カッコイイ服やバッグや靴《くつ》なども買って、カッコよく見せたいし見られたい。好きな人と一緒《いっしょ》に、年に1回ぐらいは贅沢《ぜいたく》な食事をしたい。好きな人にかわいい服を着せてあげたい。

などの物理的欲求《ぶつりてきよっきゅう》が、障がい者である私にもあるのです。だから私は働いているのです。

私が女性を好きになり愛したいと思うときは、その女性が、何かに向かって頑《がん》張《ば》っている姿《すがた》を見た時や、一緒にいて色んなことに共感《きょうかん》でき、強い『絆《きずな》』で結《むす》ばれているということが実感《じっかん》出来たときに、この女性を愛したいという気持ちや、いつまでも一緒に寄《よ》り添《そ》って支《ささ》え合っていきたいと感じた時です。その時に私は人を愛します。

私は、人が持っている本能《ほんのう》や欲求《よっきゅう》は、抑《おさ》えられないものだと思います。

障がい者だって人です。人間です……。

北欧《ほくおう》の障がい者が利用《りよう》する福祉施設《ふくししせつ》などでは、施設と風俗店《ふうぞくてん》が提携《ていけい》をし、利用者に対し定期的《ていきてき》にそういった性的《せいてき》サービスを提供《ていきょう》している施設もあるそうです。北欧のように日本も「障がい者の性《せい》」に対してタブー視《し》するだけではいけないと思います。

日本の社会をそのようにするためにも「デリヘル」のような、エッチな店を障がい者が利用していくことにより「障がい者の性」に対する社会のイメージは、少しずつ変わっていくものだと思います。

障がい者がエッチな店を利用するのは、恥《は》ずかしいことではなく「障がい者の性の問題」に対しての一つの啓発運動《けいはつうんどう》になるのではないかと私は考えています。

話は随分《ずいぶん》と戻《もど》りますが、私は勤《つと》めていた会社を辞《や》めた年の翌年の春ごろから、私がマジックなどの活動を始めた頃から応援していただいている、古賀社長と古賀社長のお知り合いの廣瀬さんからのご紹介で、当時、北九州市小倉《こくら》の方で飲食店《いんしょくてん》などの色んなビジネスを手掛《てが》けられていた、宮原さんという方に出会わせていただきました。

私の活動している内容を、宮原さんへお話しさせていただいたところ、感銘《かんめい》していただき私の行っているマジックショーや、講演会《こうえんかい》の活動範囲《かつどうはんい》を広げていくために、スリーエイト株式会社という会社を立ち上げてくださいました。

そして私は、プロマジシャンとして、スリーエイト株式会社の社員としてではなく、タレントとして契約《けいやく》させていただきました。

スリーエイト株式会社とタレント契約させていただいたことにより、私の中にプロとしての意識《いしき》が少しずつ芽生《めば》え始めました。

当初は、講演会やマジックショーの仕事がある時には、宮原社長が私の自宅《じたく》まで迎《むか》えにきてくださり、会場まで一緒に行き、マジックショーのアシスタントもしていただいていました。

しかし、宮原社長自身もお忙《いそが》しくされておられる方でしたので、しばらくすると、私の講演会やマジックショーの仕事の時には、他のスタッフの方がドライバー兼《けん》アシスタントとして、一緒に活動をしていました。

タレント契約はさせていただきましたが、契約《けいやく》の1年目は、1か月の給料《きゅうりょう》が5万円で2年目頃からは、固定給《こていきゅう》なしの完全歩合制《かんぜんほごうせい》に変わり、もちろん完全歩合制だったので、無収入《むしゅうにゅう》の月もありました。

一人暮《ひとりぐ》らしをしていた私は、家賃《やちん》や光熱費《こうねつひ》などの、毎月支払《しはら》わないといけない出費《しゅっぴ》は、障がい者基礎年金《きそねんきん》と、活動を始めた当初《とうしょ》から応援《おうえん》していただいている企業《きぎょう》から毎月いただいているサポート料《りょう》などで、ギリギリ支払えていましたが、食費《しょくひ》などに使えるような生活費《せいかつひ》のお金は全《まった》くと言っていいほどありませんでした。

お金がなくて食料品さえも十分《じゅうぶん》に買えずにいた私は、お米は両親からもらえていたので、スーパーでもやしを買って炒《いた》めたり、ボイルしたりして、もやしをメインのおかずにしてご飯を食べたり、点字名刺《てんじめいし》の製作販売《せいさくはんばい》の仕事など臨時収入《りんじしゅうにゅう》が入ったときに、カレー粉《こ》やお好み焼きの粉《こな》やソースを買い置きしていたものを使い、具《ぐ》のないカレーライスやお好み焼きなどを食べていました。お弁当屋《べんとうや》を経営《けいえい》している友達がいて、彼は関連《かんれん》しているスーパーで売れ残ったものを閉店間際《へいてんまぎわ》に回収《かいしゅう》に行くのですが、その回収したものをもらって帰り、食べたりもしていました。

このように生きた心地がしないような生活を送っていました。

当時、私は週に何度か医療保険《いりょうほけん》が適用《てきよう》される、訪問《ほうもん》マッサージを受けていました。その中で、生活に困《こま》っていた私の姿を見かねて、訪問マッサージ会社の会長さんから、「うちの会社の仕事を手伝ってくれないか。」と声をかけていただき、マッサージ師《し》の先生のドライバーなどの仕事を、講演会やマジックショーの仕事がある日を除《のぞ》いて、ほぼ毎日、アルバイトをさせていただくようになりました。

その訪問マッサージの会社から、7万円の給料《きゅうりょう》をいただけるようになり、そのおかげで、食料品や生活用品なども買えるような、人間らしい生活を取り戻すことが出来ました。

訪問マッサージ会社で、2～3年ほど働《はたら》かせていただきましたが、まだ未熟《みじゅく》で若かった私は、その間に二度ほど車の運転免許《うんてんめんきょ》の停止処分《ていししょぶん》や、マッサージ師さんを乗せている最中《さいちゅう》に交通事故《こうつうじこ》を起こしたりして、最終的《さいしゅうてき》には、車の運転免許の取り消し処分《しょぶん》になったため、アルバイトを辞《や》めざるを得《え》ない状況になり、訪問《ほうもん》マッサージ会社を辞《や》めることになりました。

またその2〜3年の間に、一度、一人暮らしを諦《あきら》め、ケアホームに入所《にゅうしょ》してみましたが、うまく施設《しせつ》に馴染《なじ》めずに、2〜3か月ほどで退所《たいしょ》し、現在も住んでいる、駅に自力《じりき》で歩いて行けるオートロック付き、1Kの間取《まど》りで2万9千円のマンションで再《ふたた》び一人暮らしを始めました。

初心《しょしん》と感謝《かんしゃ》

訪問《ほうもん》マッサージ会社にアルバイトで勤《つと》め始めて1年ほどが過ぎ、2年目に入ったくらいの頃、今も住んでいる1Kマンションに住み始め、週3日ヘルパーさんに来てもらいながら生活をしていました。

当時はまだ、スリーエイト株式会社との3年の契約期間中《けいやくきかんちゅう》だったので、講演会やマジックショーのお仕事の方も、スリーエイト株式会社のタレントとして続けさせていただきながらも、「このままの状態《じょうたい》で、本当に良いものなのか。」と考えていた時期《じき》でもありました。

そのことを色んな方々に相談《そうだん》させてもらい、色んなアドバイスをいただいた中で、マジシャン活動を始めた頃のように、色んな方々に応援《おうえん》していただきながら、一《いち》個人《こじん》のプロとしてやってみたいという思いが芽生《めば》えてきたので、翌年の春に、宮原社長を始め、多くのスタッフの方々に大変お世話になったスリーエイト株式会社との契約を、解除《かいじょ》させていただきました。

その後、私は再出発する気持ちで初心に返り、これまでの活動を振《ふ》り返って考えてみることにしました。

振り返って考えてみたことで、私なりに見えてきたことがありました。

私は、21～22歳の頃にマジックに出会い、師についてマジシャンの腕をみがいてきましたが、弟子《でし》の頃から「障がい者マジシャン」というものが珍らしく、それまで聞いたことも見たこともない人が多かったため、福岡市内を始め、県外からもテレビや新聞・雑誌社などで取り上げられてきました。

このように、周《まわ》りにちやほやされて活動をしているうちに、私は周りの方に対しての「感謝」という気持ちを、どこかに置いて来てしまったことに気づくことが出来ました。

「感謝」という気持ちを置いて来たまま、何も考えないで調子《ちょうし》に乗ってプロになってしまったために、神様がそれまでの罰《ばつ》として、私にどん底の生活を経験させてくださったのだと思いました。

こんな未熟《みじゅく》な私を、活動を始めた頃から現在まで15年間、応援《おうえん》し続けてくださっている方は沢山《たくさん》おられますが、その中でも、エスティグループの古賀社長・井芹社長・石内社長のお三方《さんかた》には、特にお世話になっております。点字名刺の普及《ふきゅう》活動にご協力していただいたり、私が講演会やマジックショーの活動をしていく上での活動資金《しきん》の援助《えんじょ》もしていただきました。

また私個人的にも、色んな場面でご指導《しどう》いただいております。

別のグループ会社ではありますが、全国的にラジオショッピングなどにご出演《しゅつえん》されている、福岡市のラジオのリスナーの中では知らない人はいないぐらい「元気な社長」の愛称《あいしょう》で有名な、ちゅら花株式会社の河村社長にも、点字名刺の普及《ふきゅう》活動のご協力を始め、個人的にも大変お世話になっております。

　このようにして私は、色んな多くの方々に応援していただいていることを再認識《さいにんしき》させていただいたおかげで、これまでの私自身がどれだけ情《なさ》けなかったかということを思い知らされました。

　この再出発を機《き》に、もう二度と周りの方々に対しての「感謝」という気持ちを忘れまいと、心に強く誓《ちか》いました。

　そして私は、気持ち新たに活動を続けました。

　活動し始めて、9年目を迎えた年でした。

　気持ちを新たにしたからといって、すぐには結果が出るはずもなく、半年ほど月日が経《た》った頃、私が1Kマンションに引っ越してから、1年半ほどの間《あいだ》お世話になっていたヘルパーさんが、私が契約《けいやく》していた会社を辞めることになりました。

　私が契約していた訪問介護《ほうもんかいご》会社の社長さんにも、長年に渡《わた》り可愛《かわい》がっていただいたこともあって、社長さんの姪《めい》っ子さんが、ほぼ私の専属《せんぞく》ヘルパーとして、日曜日を除《のぞ》いて毎日、入ってもらえるようになりました。

姪っ子さんとは、初対面《しょたいめん》ではなく、私がどん底生活を送っている時に、社長に居《い》酒屋《ざかや》に連れて行ってもらった時にお会いしていましたし、姪っ子さんがヘルパーにならられる少し前から、私が周りの人から勧《すす》められて始めたマラソンの仲間でもあり、マラソン仲間みんなで沖縄の久米島で行われた久米島マラソンにも一緒に参加したこともあり、とても性格もよく、可愛い女の子だと思っていました。

もちろんお世話になっている社長さんの姪っ子さんですから、恋愛感情などわくはずもありません。

私が利用しているヘルパーサービスには、三つのサービスがあります。家での身の周りのお世話（食事・掃除《そうじ》・着替《きが》えなど）をしていただける居宅介護《いたくかいご》サービスに、リハビリなどのために通院《つういん》するときに付き添《そ》いをしてくれる通院介助《かいじょ》サービスと、買い物などで外出する時に介助してくれる外出援助《えんじょ》サービスです。まだヘルパーになりたての頃の姪っ子さんは、ホームヘルパー2級の資格《しかく》しか取得《しゅとく》していなかったため、主《おも》に家での身の周りのお世話をしていただいていました。

そんな可愛い姪っ子さんが、毎日のようにヘルパーとして家に来ていただけるようになり、間《ま》もなく私の体に変化が起きました。

姪っ子さんが作ってくれる食事が美味《おい》しすぎて、もともとよく食べる私ですが、ついつい食べ過ぎてしまい、ズボンが入らなくなりました。

この話はネタではなく実話です。

これではいけないと思い、少し控《ひか》えめに食べるようにして、体型《たいけい》を戻すことが出来ました。

姪っ子さんが仕事とはいえ、私の家に毎日来てくれるようになり、私は精神的《せいしんてき》にも随分《ずいぶん》と支《ささ》えられるようになりました。

当時、私は訪問マッサージ会社のアルバイトの仕事を辞め、講演会やマジックショーと、点字名刺の製作販売《せいさくはんばい》の仕事の収入《しゅうにゅう》だけで生活をしていましたので、金銭《きんせん》面《めん》では、そんなに余裕《よゆう》がある生活ではありませんでした。

しかし、彼女の喜《よろこ》ぶ顔、それだけが見たいという気持ちだけで、私は持っていた全てのお金を使って、彼女の誕生日にサプライズを決行《けっこう》することにしました。

私と彼女が一緒にいられる空間《くうかん》は、家の中だけにも関わらず、どのようなサプライズを仕掛《しか》けたかというと、まず、私は数か月間での普段の会話の中で、彼女の趣味《しゅみ》や好きな食べ物などを聞き出すことから始めました。

趣味は、「福岡ソフトバンクホークス」の野球観戦《かんせん》や「嵐」のファンだということ。

好きな食べ物は、チョコレートなど美味しいものだということを聞き出したうえで、サプライズの内容を考えました。

まず、プレゼントに私が選んだのは、福岡ソフトバンクホークスの公式サイトのネット注文で、レプリカのユニホームに、背番号《せばんごう》は誕生日の3ケタと下の名前をプリントしたものを準備《じゅんび》しました。

ケーキも福岡で有名なチョコレートのお店にネットで注文をし、当日の午前中に届くよう準備をし、料理も宅配《たくはい》ピザなどを手配しました。

私の家は玄関を開けたら部屋に入る前にドアがあるので、当日は部屋の中が見えないように、そのドアのガラス部分にハッピーバースデーの張《は》り紙をしました。玄関のチャイムが鳴《な》り、ドアを開けた瞬間《しゅんかん》、バースデーソングを流して彼女を迎《むか》えたところ、彼女は大喜びをしてくれました。

しかしながら、持っている全てのお金を使ってしまった私は、次の日から数か月間ほど、毎日のように魚肉《ぎょにく》ハムを彼女に切ってもらい、それを昼食と夕食時に焼《や》いて食べるような生活でした。

それから数か月後に、彼女が外出援助《えんじょ》の資格《しかく》を取得《しゅとく》したため、私が買い物などで街に外出をする際《さい》は、付き添ってきてくれるようになりました。

彼女に付き添ってもらって外出する際に、外出先でたまたま私の仲間と会うこともしばしばあり、仲間から、「彼女を大切にしないといけないよ。」と言われることもよくありました。

もちろん、私のことを可愛がってくれている社長さんの姪《めい》っ子さんですから、大切にすることは当たり前のことだと思っていました。

講演会やマジックショー、点字名刺《めいし》の製作販売《せいさくはんばい》の仕事をしていた私は、収入《しゅうにゅう》も少なかったのと、その年で講演やマジックの活動を始めて10年目という節目《ふしめ》の年を迎《むか》えたこともあり、これまで続けてきた活動が大きく飛躍《ひやく》出来なければ、全《すべ》ての活動を辞《や》め、どこかの企業《きぎょう》に就職《しゅうしょく》をし、婚活《こんかつ》をしようと思っていました。

そのような中、5年に一度、周りの方たちに協力していただいて行っている活動の10周年記念パーティーを、福岡市内のホテルで開き、70名ほどの多くの方々に祝福《しゅくふく》していただき、パーティーも大盛況《だいせいきょう》で終えることが出来ました。

そのパーティーから数日が経ったある日のことです。

自宅《じたく》の電話に、福岡市の教育委員会の方から「一度お会いしてお話がしたい」との連絡《れんらく》が入りました。

現在もそうなのですが、私の講演会やマジックショーの活動は、主に福岡市内の小中高の学校からご依頼《いらい》があって、活動させていただいておりますので、何か粗相《そそう》があったのではと思い、次の日に慌《あわ》てて福岡市の教育委員会に担当者を訪《たず》ねて行きました。

担当者に会ってお話しさせていただいたところ、毎年夏休み期間中に、市内の各《かく》区別《くべつ》に行われている、全教職員《ぜんきょうしょくいん》を対象《たいしょう》とした福岡市の教育委員会主催《しゅさい》の人権《じんけん》教育研修会《けんしゅうかい》での講師《こうし》を依頼《いらい》したいとのことでした。ある中学校の校長先生を始め、色んな学校の先生方から私の講演《こうえん》に対して、福岡市の教育委員会《きょういくいいんかい》に良い評価《ひょうか》の声が報告《ほうこく》されていたおかげです。

長い間、人権教育の講演活動をさせていただいている私にとっては、講演活動を続けていく中で、福岡市の教育委員会主催の、人権教育研修会の舞台《ぶたい》で講師をさせていただくことが一つの大きな目標《もくひょう》でしたので、その話を聞かせていただいた時は、全身《ぜんしん》に鳥肌《とりはだ》が立つぐらいうれしい気持ちでいっぱいになりました。

研修会当日の早朝から、いつもはヘルパーをしてくれている彼女に、この日はアシスタントとして付き添《そ》ってもらい、アシスタントの彼女と共に私は気を引き締《し》めて研修会が行われる会場へ向かいました。

私は学校などでの講演会では、普段《ふだん》は全《まった》くと言っていいほど緊張《きんちょう》しないのですが、私にとってこの研修会の舞台《ぶたい》が、あこがれの舞台だったのと、1回の研修会で500人ほどの教職員《きょうしょくいん》の方が参加され、そのような大舞台で講演させていただけるということは、結果次第では今後の講演活動に大きく影響《えいきょう》していくと思うと、緊張とプレッシャーで、顔つきまでこわばってしまっていたそうです。

講演会の本番に備《そな》え、私とアシスタントが二人で舞台袖《ぶたいそで》で出番《でばん》待《ま》ちをしていた時に、アシスタントが、顔をこわばらせている私を見て、私の背中《せなか》をパ～ンと叩《たた》いてくれて「あなたなら、大丈夫《だいじょうぶ》！」と一《ひと》こと言ってくれました。

背中をパ～ンと叩かれ、「あなたなら、大丈夫！」というアシスタントの言葉を聞いた瞬間《しゅんかん》、今の今まで緊張とプレッシャーでいっぱいになっていた体から、それらがさぁーっと解《と》き放《はな》たれていき、私の中にある講演モードのスイッチがONに入り、舞台に出ていき、いつも通りに講演をさせていただくことが出来ました。

その日は、午前と午後の2回に分けて講演をし、参加された教職員の方々から、沢山のありがたいお言葉をいただくこともでき、目標《もくひょう》の一つだった舞台での講演会を、大成功《だいせいこう》で終えることが出来ました。

人権教育研修会の仕事を無事《ぶじ》に終えることができ、その後《ご》しばらくすると、前年と比《くら》べものにならないくらいの講演依頼《いらい》をいただくようになりました。また、人権教育研修会の講演の仕事も初めていただいた年からこれまでの間、毎年のようにいただけるようになりました。おかげで私は講演会やマジックショーの仕事を辞めずに続けられることになり、活動を始めて今年で15年目を迎《むか》えることが出来ました。

これまで応援《おうえん》していただいている皆様に対し、感謝《かんしゃ》の気持ちでいっぱいです。

これまでの長い間、応援していただきましてありがとうございます。

講演活動を通して

私は15年ほどに渡《わた》り、さまざまな学校や会場で講演をさせていただいてきました。その講演活動を通して、学《まな》ばせていただいたこと、子供たちから感じたこと、講演させていただくにあたり、気を付けていることなどのお話をさせていただきたいと思います。

講演活動を始めたての頃、特に多かった子供たちの反応《はんのう》は、子供たちが待っている体育館や教室などに私が入って行くと、私の姿《すがた》を見るや否《いな》や、不思議《ふしぎ》そうな顔をして緊張《きんちょう》した雰囲気《ふんいき》で私が子供たちの前に座《すわ》るまで、私からじっと目線をそらさないということです。そして、そこから、私と子供達のふれあいは始まります。

子供たちの前に座り、私がギャグを交《まじ》えながら話し始めると、数十分後には私の姿を見て固《かた》まっていた子供たちの顔の表情がほぐれ、笑い声が聞こえてくるようになります。

そして、私が話し終わり最後のお別れの挨拶をする頃には、その教室にいるほぼ全員の子供たちが、ペンと明日《あす》には捨《す》てられるだろうなと思われる紙を握《にぎ》りしめ、私の周りに集まってきてくれて、サイン攻《ぜ》めにするのです。講演終了後、1時間ほど、子供たち一人一人にサインをした時もありました。

このような子供たちの、私に対しての接《せっ》し方が短時間で変わるということは、私にしか出来ないマジックだと思っています。

人権教育講演会というと、障がいを持っている方がみなさんの前で自身《じしん》が生きてきた中で辛《つら》かった実体験《じったいけん》などを話され、暗《くら》くて重い雰囲気《ふんいき》になり、涙なしでは聞けないみたいなイメージを持たれている方がほとんどではないかと思います。

正直、講演活動を始めたばかりの頃は、私もそうでした。

しかし私は、自身の講演風景《ふうけい》をビデオで撮影《さつえい》し、聞いている方の立場《たちば》になり、母にナルシストと言われながらも、そのビデオを何度も見て、私なりに研究《けんきゅう》した結果、自身の辛《つら》い実体験《じったいけん》を暗《くら》く話をしても、聞いている側《がわ》からしてみたら、辛い思いをした障がい者の印象《いんしょう》しか残らないことに気づき、このままでは障がい者に対するイメージを変えることは出来ないと思いました。

研究を進めていく中で一つ気づいたことがありました。

それは、なぜ国語の教科書の文章《ぶんしょう》を覚《おぼ》えるのは大変なのに、好きなアーティストの楽曲《がっきょく》や歌詞《かし》はストレスを感じることなく覚えられるのだろうか？　ということです。それに着目《ちゃくもく》して、私なりに研究をしてみたところ、二つのキーワードが浮《う》かんできました。

それは「ストレス」と「リラックス」でした。

国語の教科書を覚える場合、覚えなくてはならないという気持ちや覚えなかったら先生に怒《おこ》られる。などと思うことにより「ストレス」がその人の体にかかってくるために、なかなか覚えることが出来ないのだと思いました。

しかしながら、それとは対象的《たいしょうてき》に、好きなアーティストの楽曲や歌詞を覚える時は、覚えないと誰《だれ》かに怒られるなどの「ストレス」を感じさせるものは全くなく、自分が好きなこととしているため「リラックス」が出来ている状態《じょうたい》なので、短時間で覚えられるのではと思い、このような原理《げんり》を私自身の講演の中に、どのようにして取り入れようかと考えた時に、ふっと思い浮かんだのが「笑い」でした。

講演活動中の著者

私が講演の中に、「笑い」の要素《ようそ》を取り入れたことにより、話している側《がわ》も聞いている側もお互いにリラックスすることができ、その上で私が辛《つら》い体験をした話などを、ピンポイントですることで、これまで以上に、聞いている側にも伝《つた》わりやすくなりました。

このような考えを取り入れて講演活動を続けていく中で、私の講演を聞くまでは、自殺《じさつ》を考えながら日々を過《す》ごしていた生徒《せいと》さんも中には何名かいました。

私がそのことを知ることが出来たのは、本人たちからの感想文《かんそうぶん》や、ＳＮＳにメッセージをもらったからでした。

例《たと》えば、「今日は、私たちの学校に来ていただき、ありがとうございました。最《さい》近《きん》、私は自分がなぜ生きているのか、何をしたいのか、わからなくなり自殺することを考えていました。けれど、自分が辛《つら》かった体験談《たいけんだん》を、ユーモアと笑いを交《まじ》えながら話をしている森さんの姿と話を聞いて、もう一度私も頑張《がんば》ってみようと思いました。」という感想文やメッセージをもらう度《たび》に、私が講演活動を続けてきたことは決して無駄《むだ》ではないことだと思わされました。

私は、講演をさせていただくにあたり「笑い」の要素《ようそ》を入れるのと、他にもう一つ大切《たいせつ》にしていることがあります。

それは、学校やイベント主催者側《しゅさいしゃがわ》など出演依頼者《いらいしゃ》との打《う》ち合《あわ》せです。

私が、なぜそれほど出演依頼者との打ち合せを大切にしているかというと、会場などで聞いていただいている側の方々に対し、私の生《お》い立ちを淡々《たんたん》と話すのは、私にとって簡単《かんたん》なことですが、それだけではあまり意味がないことではないかと思っているからです。

特に学校の人権教育の講演においては、100の学校があれば、100通りの学校の風景や抱《かか》えている問題が、様々《さまざま》なケースとしてあります。

打ち合わせの時に、それぞれの学校の風景や抱えている問題を、担当者から聞かせていただき、その風景や抱えている問題に合わせて講演の内容《ないよう》を組み立てて話をさせていただきます。私が講演をさせていただいた後、先生方が子供たちに対して取り組みやすくなればと思っているので、どんなに忙《いそが》しい時でも、私は前もって一度、担当者との打ち合せは、させていただくように心がけています。

私が教職員《きょうしょくいん》の方や保護者《ほごしゃ》の方などの前で、講演をする時に、気をつけていることと、必ず話をさせていただいていることがあります。

講演の時に気をつけていることは、私の考え方を押し付けるのではなく、私の講演を聞いてもらって、何か一つでも気づいていただければ良いと思っています。講演の中で、「私はこう思うのでみなさんこうしましょう。」というような話し方は一切《いっさい》しません。

私はみなさんに、何か教《おし》えられるような人間ではありませんし、人それぞれ育《そだ》ってきた環境や考え方が違《ちが》うと思うので、それぞれの生き方や考え方が違って当たり前だと思うからです。

それぞれ違った生き方や考え方を持ったうえで、私の講演を聞いていただき、みなさんが新《あら》たな「気づき」に出会えればと考えています。

だからこそ、私は講演の中で私自身《じしん》が皆さんに伝えたい話をし、その話を締《し》め括《くく》る際《さい》には、「私はこう思いますが、皆さんはいかがでしょうか？　私の講演を聞いていただいた上で、皆さんの中で考えていただけるようなことがあれば、私も嬉《うれ》しく思います。」という言葉で終わるようにしています。

この節《せつ》の最後に、教職員《きょうしょくいん》の方と保護者の方の前で講演をする時に、必《かなら》ずする話がありますす。それを記しておきます。

私が講演活動をさせていただいてきた中で、気づいたことです。それは、若手《わかて》の教職員の方に多く見られたのですが、子供たちに対して教えることで精《せい》いっぱいになりすぎて、なぜ自分が教職員という職業《しょくぎょう》を目指《めざ》したのかということを見失《みうしな》いがちな方も、中にはいらっしゃるのではないかと思います。

パソコンやインターネットなど、ハード面が充実《じゅうじつ》し過《す》ぎるくらい充実してきた日本の現社会であれば、子供たちに勉強を教えるだけで、子供は成長していけるのではないか、学校に通《かよ》わずに教えるだけでいいのではないか、家でパソコンやインターネットなどを使って勉強すれば十分《じゅうぶん》ではないか、すなわち、それも「教育《きょういく》」ではないかと私は思っています。

しかしそれでは、子供たちが人間として成長《せいちょう》していけないため、学校や地域《ちいき》などの環境《かんきょう》があるのではないかと、私はそう思っています。

今の子供たちに必要なことは、国語・算数・理科・社会などの一般的《いっぱんてき》な勉強を教えて育《そだ》てる「教育」も、もちろん大切なことだと思いますが、パソコンやインターネットなどが充実《じゅうじつ》している現社会で、人の痛《いた》みや苦《くる》しみなどをあまり感じられずに育ってきたからこそ、毎日のように子供同士で「いじめ」「殺害《さつがい》」などのニュースが流れる社会になってしまったと思います。

このようなことになってしまったのは、子供たちは一切《いっさい》悪くないと思います。

このような現代の社会を生み出したのは、私たち大人に責任《せきにん》があると考えています。

だからこそ、今の子供たちに最《もっと》も大切なのは、教えて育てる「教育」よりも、人の痛みや苦しみなどを、子供たちの心に響《ひび》くように伝えて育てる「伝育」が大切なことではないかと思います。

これまで私は、何百回と様々《さまざま》な学校などで子供たちに対し講演《こうえん》をしてきました。

その中で私は一度も、子供たちに対して「教《おし》えている」という感覚《かんかく》は全《まった》くなく、伝えたいという感情《かんじょう》や感覚《かんかく》で講演をしてきたからこそ、子供たちの心に響《ひび》いてくれたと考えています。

「教《おし》えること」は、パソコンやインターネットなどでも出来ると思いますが、「伝《つた》えること」は、パソコンやインターネットなどでは出来ないのです。

なぜなら「伝」という字は、「人が云《い》う」と書くからです。

「伝《つた》える」ということは、人にしか出来ないし、人にしか出来ない手法《しゅほう》だと思います。

だからこそ、教育の現場《げんば》で時間に追われながら忙《いそが》しく働《はたら》いている教職員《きょうしょくいん》の方々にも、普段《ふだん》の現場で子供たちと関《かか》わっていく中で、少しだけ子供たちに対し「伝える」という意識《いしき》を持っていただけたら、私としても嬉《うれ》しく思います。

保護者《ほごしゃ》の方には、子供が生まれてから一番最初《さいしょ》に出会う先生は誰でしょうか？

それは親です。

両親です。

先生という字は、先《さき》に生《う》まれている、または先に生《い》きていると書きます。

だから、私が言いたいのは幼稚園《ようちえん》・保育園《ほいくえん》・学校《がっこう》・塾《じゅく》などで一般的《いっぱんてき》に呼《よ》ばれている先生だけが子供にとっての先生ではなく、子供たちの周《まわ》りに居《い》るすべての大人たちみんなが、子供たちにとっての先生なのだということです。

私がこの講演家《こうえんか》としての仕事《しごと》を始めたのも、子供たちに対して、胸《むね》を張《は》って正しいことは正しいと、間違《まちが》っていることは間違《まちが》っていると伝えられる大人になりたかったので、講演家の仕事を選《えら》びました。

胸を張って正しいことは正しいと、間違っていることは間違っていると伝えられる大人が増《ふ》えれば、子供たち同士で「いじめ」や「殺害《さつがい》」などをしなくなります。子供たちが安心してのびのびと育《そだ》ち、夢《ゆめ》や目標《もくひょう》などが出来た時には、その夢や目標を叶《かな》えられるように支《ささ》えてあげるのも、子供たちの周《まわ》りにいる大人たちの大きな役割《やくわり》ではないかと私はそう思っています。

第7章

未来

新《あら》たなチャレンジ

これまで多くの方々に応援《おうえん》していただきながら、点字名刺《てんじめいし》の製作販売《せいさくはんばい》、講演会《こうえんかい》やマジックショーなど、様々《さまざま》な活動をさせていただいてきました。

2014年2月には「障がいをもつ子どものバウンダリー（境界《きょうかい》）を、リ・デザインする」というテーマのパイロットプロジェクトイベントへの参加《さんか》をさせていただきました。

そのイベントの後半の内容は、いくつかのテーマごとに分かれてディスカッションをし、可能性《かのうせい》があるものであれば、イベント終了後《しゅうりょうご》も実現《じつげん》に向けてグループで活《かつ》動《どう》をしていこうというような趣旨《しゅし》でした。

私が選択《せんたく》したテーマは、「障がい者の起業《きぎょう》」で、グループごとに分かれた当初《とうしょ》は、私と年上の男性の二人だけでした。

そこで私が提案《ていあん》したのは、「身体に障がいがあっても、おしゃれファッションを楽しめるブランドを作りたい」という内容のものでした。

ここで皆さんに言っておきたいことは、私が目指《めざ》しているのは、決して「身体に障がいがある方のため」のファッションブランドではなく、「身体に障がいがあってもおしゃれファッションを楽しめる」ファッションブランドなのです。

その話で、私と参加者の男性と二人で話が盛《も》り上がっていたら、他のグループに参加していた方も興味《きょうみ》を持ってくださり、二人で始まったグループディスカッションでしたが、最終的《さいしゅうてき》には10人ほどの様々《さまざま》な業種《ぎょうしゅ》の方たちに賛同《さんどう》していただくことができ、それをきっかけに、「N・i・J・i」プロジェクトチームを結成《けっせい》することが出来ました。

なぜ「N・i・J・i」という名前にしたかというと「N・i・J・i」の「i」だけが小文字というところに注目《ちゅうもく》して欲《ほ》しいのですが、なぜ「i」だけを小文字にしたかというところには理由《りゆう》があって、今の時代《じだい》は安くて良い物が売れる時代ですが、ブランドやメーカー品質《ひんしつ》などのこだわりだけで高値《たかね》を付けるのではなく、私たち「ＮｉＪｉ」と共に商品開発《しょうひんかいはつ》をしていくことにより、ユーザーに対して小さな工夫《くふう》で愛《あい》や優《やさ》しさを取り入れることにより、これまでのユーザーはもちろんのこと、これまでは取り込《こ》むことが出来なかった、新たなユーザーを獲得《かくとく》出来るようにしたいという考え方と、身体に障がいを持っていて、デザイン性《せい》より機能性重視《きのうせいじゅうし》で洋服《ようふく》などを選《えら》ばざるを得《え》ない方たちに、おしゃれなファッションを楽しんでもらえるような懸《か》け橋《はし》になりたいと思いを込《こ》めて「ＮｉＪｉ」という名前にしました。

決して、シンプルなデザインの商品を専門《せんもん》に取り扱《あつか》っているブランド名を、モジッタわけではありません。

そのような考え方や思いの元《もと》、さまざまな業種《ぎょうしゅ》の方たちに協力《きょうりょく》していただきスタートすることが出来ました。

スタートしてから私たちの最初《さいしょ》の大きな壁《かべ》は、このプロジェクトを進めていく上での資金《しきん》をどのようにして作るかということでした。

グループディスカッション当初から関《かか》わっていただいていた、経営《けいえい》コンサルタント会社を経営されている方からのアドバイスで、福岡県商工会連合会創業補助金《しょうこうかいれんごうかいそうぎょうほじょきん》事務局《じむきょく》へ創業補助金の申請《しんせい》をすることにしました。

創業補助金の審査《しんさ》も通り、後に補助金をいただける流れだったので、私のボランティア仲間からお金を借《か》りて、活動の資金は何とか準備《じゅんび》出来ました。

しかしながら、服飾《ふくしょく》ブランドを立ち上げようしているプロジェクトチームなのにも関わらず、チーム内には一人も服飾デザイナーがいないという現実もありました。

「ＮｉＪｉ」を結成《けっせい》するきっかけとなった、パイロットプロジェクトイベントには、福岡市の方も関係していたため、市の職員の方から連絡《れんらく》をいただき、その年の夏に福岡市の若手《わかて》のブランドや服飾デザイナーなどを集めて、ファッションショーを企《き》画《かく》されていた方たちを紹介《しょうかい》していただきました。

その方々にお会いし、私たちの考え方や思いなどをお話ししたところ、企画されているファッションショーに出演してみませんか？　という思いがけない言葉をかけていただきました。

嬉しい気持ちでいっぱいでしたが、その反面《はんめん》焦《あせ》る気持ちもありました。なぜかというと、ファッションショーに出演《しゅつえん》するためには、何かしらの物を作らなければなりません。でも、このプロジェクトチームには、服飾《ふくしょく》デザイナーがいないのです。「N・i・J・i」を結成して以来、最大《さいだい》のチャンスとピンチでした。

私たちは色んな方から情報収集《じょうほうしゅうしゅう》をして、服飾デザイナーを必死《ひっし》になって探《さが》しました。

探し続けて1か月ほど経《た》った頃に、あるファッションデザイン専門学校《せんもんがっこう》の先生に相談《そうだん》に行ったところ、同校《どうこう》を卒業後《そつぎょうご》、服飾業界《ふくしょくぎょうかい》で活躍《かつやく》しておられる鈴木綾さんという方を紹介していただきました。

鈴木さんは2002年に上京後《じょうきょうご》、2005年には職場を神奈川県の自宅《じたく》に移《うつ》し、デザイン、パターン制作《せいさく》や縫製《ほうせい》のお仕事を始められました。それを機に、2011

年10月に、アトリエエスプリローブを開業《かいぎょう》、２０１４年の春に福岡に移転され、オーダーメイドの服の製造販売《せいぞうはんばい》を軸《じく》に、オリジナル商品の開発《かいはつ》、イベント企画運営《きかくうんえい》を行っておられます。また、鈴木さんは、障がいの有《あ》る無《な》しに関《かか》わらず、ファッションを楽しめる思いをのせたオリジナルブランド「Ｅ・Ｒ」を展開《てんかい》されておられるのです。

そんな鈴木さんに、何としてでも協力《きょうりょく》していただきたいと考えた私は、これまでの「ＮｉＪｉ」結成までの経緯《けいい》や、ファッションに対する私の「考え方」、「思い」などを実際《じっさい》にお会いして、話をさせていただきました。鈴木さんも私と同じような考え方や思いを持たれている方で、私たちの活動に協力していただけることになり、私のファッションに対する考え方や思いを、ようやく形に出来るようになりました。

しかし、鈴木さんとお会い出来たのは、ファッションショー本番《ほんばん》までの、２か月前のことで、残された日数はわずかです。

鈴木さんとお会いする以前に、「ＮｉＪｉ」として最初に作品を作れるようになった時のため、私の考えの元《もと》に「NiJi」の仲間と話していたのは、身体に障がいを持っている方でも楽に着脱《ちゃくだつ》しやすく、その上に型崩《かたくず》れしにくいような「浴《ゆ》衣《かた》」を作ろうというものでした。

そのことを鈴木さんにお伝えし、1週間ほどで鈴木さんにデザイン画《が》を6パターンほど作成していただいた上で、その中からメンズファッションとレディースファッションそれぞれ1パターンずつ選びました。

私たちがどのような形の浴衣をプロデュースしたかというと、メンズファッションもレディースファッションも共通《きょうつう》しているのは極力《きょくりょく》、伸縮性《しんしゅくせい》のある生地《きじ》を使うということでした。

メンズファッションの浴衣は、男性が浴衣を着《き》ている時に、よく温泉宿《おんせんやど》などで見られる、袖《そで》を肩までめくり上げている光景をヒントに、めくり上げるくらいなら無くしてしまおうと考え、思い切って袖《そで》を無くしタンクトップ形《がた》にしました。伸縮性のある生地を使ったことにより、浴衣を「羽織《はお》る」のではなく、「かぶる」イメージで作りました。

伸縮性のある生地を使い、袖をタンクトップにしたことにより、最初から浴衣の前方部分を縫《ぬ》い付けて、ワンピースのようにすることにより、浴衣を頭からかぶれるようなデザインにすることが出来ました。

かぶるデザインにすることとよって、私みたいに腕《うで》を十分に後方《こうほう》まで回すことが出来ない方でも、浴衣ファッションを楽しむことが出来ます。

また帯《おび》の方も、帯を「巻《ま》いて締《し》める」イメージから「帯を巻いて留《と》める」イメージで、ある程度《ていど》形《かたち》にした帯に、フォックボタンで留めるようにして、片手でも帯を外《はず》すことが出来るようになりました。

私の中では、メンズファッションの浴衣の柄《がら》のイメージも、黒や白な

どの無地系《むじけい》のイメージがありましたので、思い切って洋服のデザインを取り入れ、赤と黒のボーダーという少し奇抜《きばつ》なデザインにしてみました。

これで、日本人として生まれたなら、一度だけでも良いから浴衣《ゆかた》を着て花火大会やお祭りなどに出かけたいと思っていた、私の思いを形にすることが出来ました。

レディースファッションでもメンズファッション同様《どうよう》に、伸縮性《しんしゅくせい》のある生地を使《つか》ったデザインを考えました。

自走式《じそうしき》車イスを利用されている方をイメージし、2ピースの浴衣デザインにしました。

「花火大会などのお祭りに行った後でも、パーティーに参加《さんか》出来るように」をコンセプトにし、パーティードレスとしてでも使用《しよう》出来るように、キャミソールワンピースのようなものをベースに、自走式車イスを利用《りよう》する際《さい》に、車イスのタイヤに上着《うわぎ》の袖《そで》が巻き込まないように、袖幅《そではば》と袖丈《そでたけ》の長さにこだわり、帯《おび》の方もメンズファッション同様に、取り外《はず》しがしやすい工夫をしました。柄もレディースの浴衣ではあまり見られない、モノトーンカラーのドット柄《がら》にし、キャミソールワンピースの上に上着《うわぎ》を羽織《はお》り、帯をはめれば、ドット柄の浴衣に見え、帯を外して上着を脱ぐと胸元《むなもと》の白地《しろじ》にシルバーのラメをあしらったおしゃれで可愛《かわい》らしいデザインのキャミソールワンピースが出来上りました。

その浴衣を着ている女性モデルの姿《すがた》を見て、ファッションショーに来《こ》られていた女性客の方からも、「かわいい」「すてき」などの嬉《うれ》しいお言葉をいただくことが出来ました。

同年夏のファッションショーに出演《しゅつえん》させていただいた後に、秋口に行われた福岡市主催《しゅさい》の「ユニバーサル都市《とし》福岡フェスティバル2014」というオープニングイベントでも、鈴木さんがオーナーを務《つと》

めておられる、アトリエエスプリローブと私がコラボさせていただく形で、イベントの中でファッションショーに共演《きょうえん》させてもらった後に、私のトークアンドマジックショーもさせていただくことが出来ました。

この年の春に「NiJi」を結成してからというもの、怒涛《どとう》のように月日《つきひ》が過《す》ぎ、あっという間《ま》の1年でした。

実は、この年の2年前に、それまで10年ほどの間《あいだ》、私を弟のように可愛がってくれて、無論《むろん》今でも可愛がってもらっている、高橋さんからある日の夜、電話で話をしている中で「裕生と会社を作ろうと思うから、会社の名前を考えてくれないか?」という思い掛《が》けないお話をいただいており、その時に高橋さんと共に考えた名前が、「ファーストスタイル」でした。

それからの私は高橋さんのご指導《しどう》の元《もと》、微力《びりょく》ながらファーストスタイルの副代表《ふくだいひょう》として建設関連《けんせつかんれん》の見積書《みつもりしょ》や請求書《せいきゅうしょ》の作成などの業務《ぎょうむ》に携《たずさ》わりながら、会社の経営の在《あ》り方など、様々《さまざま》なことを学《まな》ばせていただきました。

そのようなことから2年が経《た》ち、私が主催《しゅさい》して、秋頃に私のことを応援《おうえん》していただいている方たちに集まっていただいて、異業種交流《いぎょうしゅこうりゅう》を兼《か》ねた交流パーティーを行うことが出来ました。

そのパーティーで、高橋代表にご挨拶《あいさつ》していただきました。

高橋代表はご挨拶の中で、ファーストスタイルの代表を副代表の私に引き渡《わた》すこと、翌年には法人登記《ほうじんとうき》をし、私を会社ファーストスタイル代表取締役《だいひょうとりしまりやく》として、これまで続けてきた講演会やマジックショーのマネージメント事業《じぎょう》はもちろんのこと、多業種《たぎょうしゅ》コンサルタント事業《じぎょう》などファッション関連《かんれん》の事業などを行う会社となることを、皆さんの前で話されました。

その翌年の年明けから、私は自身の勉強にもなると考え、高橋さんのご指導《しどう》の元《もと》、法人登記《ほうじんとうき》をするにあたっての書類《しょるい》作成を、自らパソコンを使い登記申請書類《しんせいしょるい》を作成しました。

株式会社ファーストスタイルを起業《きぎょう》するにあたり、高橋さんの他にもう一人取締役を引き受けていただきたい方がいました。

その方との出会いは、現在私も理事《りじ》を務《つと》めている、ジュニアからプロゴルファーを育《そだ》てていくNPO法人《ほうじん》T—GROUNDの理事長の田中さんです。

田中理事長とは、NPO法人T—GROUNDの設立《せつりつ》をするにあたって、出会えることが出来ました。

それ以来、高橋さん同様、田中理事長も私のことを弟のように可愛がってくださいます。

田中さんの本業《ほんぎょう》は、福岡県内のファッション関係や音楽関係などのイベントプロデュースはもちろんのこと、県外などでもそのようなイベントプロデュースをされておられる方です。

その傍《かたわ》ら、田中さんご自身もモデルの経験《けいけん》があるので、福岡のモデルやタレントなどを中心に、ウォーキングのレッスンの講師《こうし》もされておられます。

そんなお忙《いそが》しい中でも、「NiJi」のファッションショーの演出《えんしゅつ》や、女性のモデルさんにウォーキングやポージングなどのご指導《しどう》を、ボランティアでご協力していただいたこともあり、株式会社ファーストスタイルを起業《きぎょう》するにあたり、私は高橋さんと田中さんには、どうしても会社の取締役としてご協力していただきたいと思い、その旨《むね》を、お二人にお願いしたところ、お二人とも快《こころよ》く承諾《しょうだく》してくださいました。

お二人の協力のおかげで、無事に登記申請《とうきしんせい》も完了し、2015年3月19日に、株式会社ファーストスタイルを起業することが出来ました。

起業してから、色んな方からの期待《きたい》は本当にありがたいのですが、もう後戻《あともど》りは出来ないというプレッシャーもあり、眠れない日々が続いております。

私の思いを込めて、自ら考えた会社の社訓《しゃくん》は「三つの合えるを大切に」です。

障がいの有無《うむ》は関係なく、スタッフを始め関係者の方々が、「尊重《そんちょう》し合える」「尊敬《そんけい》し合える」「分かち合える」この三つを共感《きょうかん》出来るよう、「企業創《きぎょうづく》り」と「人創《ひとづく》り」が実現出来るように目指《めざ》していきたいという思いと考えから、このような社訓を作ることが出来ました。

私はまだ会社を起業して1年あまりしか経《た》っていませんが、こんな私が話をさせていただくのもおこがましいことなのですが、仕事をしていく日々の中でずっと頭の中にあるのは、会社を成長《せいちょう》させていくには、利益《りえき》だけを追求《ついきゅう》するのではなく、スタッフを始め、この会社に関《かか》わるすべての方々が、この会社に関わることにより、「安心感」や「幸福感《こうふくかん》」などを得《え》ていただくことで、「もっとこの会社で働《はたら》きたい。もっとこんなことがしてみたい。」などの気持ちになっていただけるように、企業として経営者《けいえいしゃ》として努力していかなければならないと、私はそう思っています。

そのようなことを少しずつ、地道《じみち》に実践《じっせん》して広げていくことにより、本来《ほんらい》「福祉《ふくし》」という言葉が意味する「すべての人が、幸福感を得《え》ながら安全な環境《かんきょう》の中で、安心感を持ち暮《く》らせる環境」が出来てくるのではないかと考えています。

また私は、この株式会社ファーストスタイルを、二人の取締役《とりしまりやく》と共《とも》に経営していく上で、絶対《ぜったい》にやりたくないことがあります。

「障がい者が働ける企業」「障がい者に対して理解《りかい》がある企業」です。

障がいの有無は関係なく、共に働く仲間やパートナーとして理解《りかい》を深めていきたいと思いますが、「障がい者に対しての理解をしよう」という考え方も思いも全くありません。

あくまでも私は「障がい者も輝《かがや》けて、障がいの有無は関係なく同等《どうとう》の立場で楽しみながら三つの合えるを共感《きょうかん》出来る」ような企業にしていきたいと思っていますし、将来的《しょうらいてき》には飲食《いんしょく》事業など店舗《てんぽ》展開《てんかい》もしていきたいと思っています。

メゼージ

「気づきと学び」と「森君との夢」

植村　昭博

入学式の数日後の休み時間の出来事でした。

老司小学校出身の森君が、近くにいた鶴田小学校出身の生徒に、「僕の筆箱《ふでばこ》のチャックを開けてくれる？」と言いました。

鶴田小学校出身の生徒は、少し戸惑《とまど》いながらも、「うん。いいよ。」と言って開けてあげようとしたその時、老司小学校出身の生徒が森君に、「森君、何を甘《あま》えようとね！　それは自分で出来ることやろ！」と叱《しか》りました。

その生徒は鶴田小学校出身の生徒に、「あのね。自分で出来ることは手伝わないのよ。」と言いました。

森君は、「エへへへ。」と笑っていました。

その場面を見た私は、「何なんだ、この関係《かんけい》は。」

森君と老司小学校出身の生徒との関係は、「お客《きゃく》さん扱《あつか》いではない。」「可哀相《かわいそう》な存在《そんざい》への関《かか》わり方ではない。」「一人の人としての関わり方をしている。」と感じました。

それに対して、私や鶴田小学校出身の生徒は、「腫《は》れ物に触《さわ》るような関わり方をしている。」

どうして老司小学校出身の生徒はこのような関係が築《きず》けたのか。

「6年間、共に過《す》ごしてきたからこそ、お互《たが》いがより見えて、より分かり合っている。共生《きょうせい》の成果《せいか》である。」ことを気づかせてもらいました。

「障がいとは、理解と支援《しえん》を必要とする特性《とくせい》であるということを、頭と心で分かり行動《こうどう》している生徒に育《そだ》っていました。」

この姿から、「配慮《はいりょ》　≠　特別扱《とくべつあつか》い」や「ノーマライゼーション」、「共感《きょうかん》的人間関係」等《とう》を学《まな》ばせてもらい、その後の学級経営《がっきゅうけいえい》の糧《かて》となりました。

あの一場面《いちばめん》に出会ったことに感謝《かんしゃ》しています。

あの一場面から、早21年、森君は学校や地域等《ちいきとう》で講演活動《こうえんかつどう》を行っています。時には、元担任《もとたんにん》として森君と一緒《いっしょ》に講演をさせていただく機会《きかい》があります。

講演活動についての森君との話を紹介《しょうかい》します。

「今は、肢体不自由《したいふじゆう》というハンディがありながらも、マジシャンをしているということで、講演に呼《よ》んでもらっているんだと思う。」

「僕《ぼく》のような存在《そんざい》が珍《めずら》しいと思われなくなって、講演に呼ばれなくなるような世《よ》の中を目指《めざ》したい。」

「その通過点《つうかてん》として、今を頑張《がんば》ろう。」

障がい者は、特別の存在ではなく、当たり前の存在であることを目指し、二人三《ににんさん》脚《きゃく》でこれからもゆっくりと歩いて行きます。

森君、結婚式《けっこんしき》の案内状《あんないじょう》を心待《こころま》ちにしていますよ。

「森 裕生さんと出会って」

福岡講倫館高等学校教諭　安部 知子

森さんと出会って、もう10年になります。

今の高校の人権《じんけん》・同和教育《どうわきょういく》HRに、森さんが講演で来てくれたのが、最初《さいしょ》でした。自分の辛《つら》かった経験《けいけん》も、そこから一歩ずつ歩んできた時の思いも、自分の言葉でわかりやすく私達に伝えてくれる森さんの姿《すがた》に、私も、生徒も惹《ひ》きつけられました。

最初は、「障がいのある森さんから、障がいについて学《まな》ぶ、聞く」という気持ちだったのが、話を聞くにつれ、「森さんという人が、どんな風《ふう》に生きてきて、今、ここにいるのかを聞く、学《まな》ぶ」という気持ちに変わっていきました。生徒達もそうです。

ここ数年、森さんが最後に話してくれる「夢《ゆめ》を叶《かな》えるための7箇条《かじょう》」を、生徒達は一生懸命《いっしょうけんめい》メモをします。それは、「障がいのある森さんのありがたい言葉」だからではなく、「この7箇条を大事にすれば、10数年後、自分も森さんみたいに生きた人になれるかな」と、森さんを自分の目標《もくひょう》にする、そんな気持ちでメモを取《と》っているのだろうと思います。

そういう生徒の気持ちが感想には溢《あふ》れています。ここ数年の感想を抜粋《ばっすい》して紹介《しょうかい》します。

最初の印象《いんしょう》は、障がいを持っている人という思いでした。だがしかし、森さんは違《ちが》った。否《いな》、私が間違《まちが》っていたのだろうか。

森さんが言っていた「楽しく生きる7つの条件」でそこの話がとても心にきました。特に、自分を信じることが良かったと思います。なぜなら、自分はあまり自分のことを信じてないことがあるからです。これからは自分のことを信じていきたいです。

今回の講演で一番心に残ったことは生まれつきの障がいは才能《さいのう》であるということです。自分も先天的《せんてんてき》な持病《じびょう》をもっていますが、今回のお話を聞き自分もそのことを後《うし》ろ向きに考えることではなく前向きで考えて様々《さまざま》な試練《しれん》を乗《の》り越《こ》えていきたいです。

固定《こてい》されている概念《がいねん》を否定《ひてい》できる姿勢《しせい》がかっこよく、自分を信じることは大切だと思った。

「がいじ」という言葉は小学生時代かなり聞いたことがあり、その時はあまり悪いことだと思っていなくて言ってる人を注意《ちゅうい》できずにいました。しかし、今回意味を知ってとても残酷《ざんこく》なことを言われていたんだと思うと、とても後悔《こうかい》しました。

自分も、障がいをほこりに思えるようになりたいと思いました。

言葉そのものの意味を定義《ていぎ》できずに使うことや、集団《しゅうだん》の中で浮上《ふじょう》している人を取り上げる心は今の社会にもありありだ。自分も障がいを持った兄弟がいて、森さんの姿は何か格好《かっこ》いいと思った。

自分は、障がいがある人は大変なのかなと思っていたけれど、森さんは障がいを誇《ほこ》りだと言っていて、それを聞いたとき、大変とか大変じゃないとかを決めるのは私たちではないんだと思いました。

私は、自分を信じたり、愛したりできなかったけれど、少しずつでも自分を大切にできるようにしたいと思いました。

自分も、森先生と同じように、障がいのある人もない人も同じように暮《く》らしていける社会づくりに貢献《こうけん》する。

一部《いちぶ》を紹介しましたが、森さんに講演してもらった後、いつも大きな宿題《しゅくだい》をもらった気持ちになります。

普段《ふだん》の高校生活で、生徒たちは、何事《なにごと》もないように、日常《にちじょう》を過ごしています。授業を受け、休み時間は友だちと遊び、放課後は部活《ぶかつ》に励《はげ》み…。でも、何事もない子なんて一人もいないという、当たり前のことに、森さんの講演会の感想を読むたびに、気づかされます。

森さんの、自分を開いて語ってくれる言葉に応《こた》えるかのように、生徒達は「私は自分を好きではありませんでした」「私には、障がいがある家族《かぞく》がいます」「私にも、障がいがあります」と、普段言えない「ほんとは…」の部分をたくさん書いてくれます。その、開いてくれた気持ちを受けとめて、私は何をするのか？　一人で出来ることではないけれど、「全《すべ》ての子が、安心して通《かよ》える学校」を目指《めざ》し続けることしか、出来ることはないな、と思います。

「一生懸命《いっしょうけんめい》、自分の大事なことを伝《つた》えたけど、分かってもらえんかった」「何も変わらんかった」という気持ちに生徒たちがならないように、「今はまだ、自分のことを周《まわ》りに言えんけど、でも、なんかみんなが受けとめてくれてる」「勇気《ゆうき》を出して自分のことを伝えたら、受けとめてもらえた」子ども達がそう思える学校が、安心出来る学校だと思います。

そんな学校文化を育《はぐく》む一人であろう、と、毎年、森さんへの生徒の感想《かんそう》を読む度《たび》、思うのです。

「多くの子供達と出会わせたい」

市立高校教諭　上田　真也

「障がいがあってもたくさんの人を笑顔《えがお》にできたり、自分たちと変わらない、むしろすごいと思った。自分も夢を見つけて頑張《がんば》って努力《どりょく》しないといけないと思った。」

「障がいがある人への気持ちが１８０度変わりました。一番驚《おどろ》いたことは、『もし自分が生まれ変わったら、同じ両親のもとで障がいをもって生まれてきたい。障がいは神様からの贈《おく》り物だ』という言葉でした。」

「森さんは、いじめにあって自殺《じさつ》を考えるほど辛《つら》い経験《けいけん》をされています。しかしその中で生きる楽しさを見つけ、色々なことに挑戦《ちょうせん》され、今では活躍《かつやく》されています。今の森さんのようになるには、想像《そうぞう》を超《こ》えるような大変な思いをされてきたのだと思います。森さんのように前向きに自信を持って生きていきたいです。」

これらは、森裕生氏の講演《こうえん》を聞いた生徒の実際《じっさい》の感想文《かんそうぶん》を抜粋《ばっすい》したものです。

私が森裕生氏の講演を初めて聞いたのはちょうど10年前でした。

学校現場《げんば》では、障がい者に対する差別的《さべってき》な言動が問題となっていて、その課題《かだい》を整理《せいり》していくなかで「子どもたちの障がい者との出会いの少なさ」がたびたび指摘《してき》されます。

私自身も森裕生氏と初めて出会った時に、明るく笑顔で何事にもチャレンジしていくパワーの大きさに自分がもっていた「障がい者」のイメージが大きく変化したことを鮮明《せんめい》に覚《おぼ》えています。

高校生が森裕生氏の講演を聴《き》いたり、マジックショーを見るなかで変化をするのは障がい者へのイメージだけではありません。夢をもって前向きに生きていくことのすばらしさ、自分自身を愛することの大切さ、周りのすべての人への感謝《かんしゃ》の気持ちなどをわかりやすく伝えてくれる森裕生氏の講演は、学校の教員《きょういん》が語《かた》る以上に説得力《せっとくりょく》があり、生徒一人ひとりの心の中に浸《し》みわたっていくものがあります。

実際《じっさい》、講演を依頼《いらい》した学校では、「次年度《じねんど》以降も講演を依頼《いらい》したい」とリピーターとなる場合が非常《ひじょう》に多いと聞きます。森裕生氏の講演活動の増加《ぞうか》の背景《はいけい》には、人権《じんけん》教育の枠組《わくぐ》みを超《こ》えた内容に共感《きょうかん》するものがあるからであると思います。

今後《こんご》とも、子どもたちに夢と希望を与《あた》える講演活動が展開《てんかい》され続けることを祈念《きねん》いたしております。

おわりに

メッセージ

最後にこの本を手に取《と》り読んでいただいた皆様に、私からメッセージを綴《つづ》らせていただきたいと思います。

私は出産時に仮死状態《かしじょうたい》で生まれてきたため、脳性麻痺《のうせいまひ》による四肢体幹機能障《ししたいかんきのうしょう》がいという障がいを持てる・・・・ようになりました。

私が「障がいを持てるようになった」と、敢《あ》えて綴らせていただいたのには理由《りゆう》があります。

一般的に「障がいは個性《こせい》」と言われていますが、私は「障がいは個性」という言葉に幼《おさな》い頃から違和感《いわかん》を持っていました。

皆様、本当に障がいは個性と一概《いちがい》に言えると思いますか？

この違和感を持ちながら、30年ほど生きていました。

私なりに自分のこれまでの経験《けいけん》を振《ふ》り返りながら、または時には辞書《じしょ》で「障がい」などのさまざまな言葉の意味を調《しら》べたりもして研究《けんきゅう》してみました。

その研究をした結果、私が30年ほど持っていた違和感から解放《かいほう》されました。

もし私のような生まれつき、持てた障がいを個性《こせい》というのであれば、今この本を読んでいただいている皆様の中にも、眼鏡《めがね》をかけている方、ふくよかな方、白髪頭《しらが》の方など、さまざまな個性を持たれている方がいらっしゃることと思います。

そのような、さまざまな個性を持たれている方は、母親のお腹《なか》の中から生まれてきた時から、眼鏡をかけて生まれてきましたか？　白髪頭で生まれてきましたか？

母親のお腹から生まれてきた時に、そんな風貌《ふうぼう》の赤ちゃんが生まれてきたとしたら、おそらく助産師《じょさんし》さんなど出産時《しゅっさんじ》に立ち会った方はびっくりして、その中には失《しっ》神状態《しんじょうたい》になる方も出てくるかと思います。

そんな風貌の赤ちゃんが生まれることは、まずありえないことです。

そのような考え方で考えると、私のような生まれた時に持てた障がいは、「個性」ではなく「才能《さいのう》」だと、私はそう思います。

なぜ、人間はこの世に存在《そんざい》するのでしょうか？

私の考え方は、こういったものです。

命《いのち》も何も入っていないからっぽの人体《じんたい》に、神様が「才能」というものを、そのからっぽの人体に入れてくれたことによって、人間がこの世に存在しているのではないかと考えています。

神様が私になる前のからっぽの人体に、脳性《のうせい》マヒという「才能」を与《あた》えてくださったから、私はこの世に生まれて来られて、色んな方に巡《めぐ》り会うことが出来たのです。

この私の考え方でいくと、健常者《けんじょうしゃ》で生まれて、事故《じこ》や病気で障がいを持つようになった方の障がいは、日常生活を送る中で持った障がいなので、これは「個性」だと私は考えます。

私のように、生まれつきの障がいを持っていらっしゃるお子さんを授《さず》かられたお父さんお母さん方へメッセージがあります。

命を授かる、子供を授かるということは一つの奇跡《きせき》です。

命を授かる、子供を授かるということだけでも、一つの奇跡なのに、その奇跡（わが子）に神様が「障がい」という「才能」を与《あた》えてくれたのです。

まさに、このことを奇跡の中の奇跡と言わずにして、他にどのようなことを奇跡の中の奇跡と言うのでしょう。

そのような奇跡（わが子）を授《さず》かるということは、例《たと》えばわが子が有名《ゆうめい》な進学《しんがく》大学に合格《ごうかく》するより難《むずか》しく、確率《かくりつ》の低《ひく》いことだと思いますし、この世の中は、少量《しょうりょう》生産《せいさん》されるものの方が希少《きしょう》価値《かち》があると評価《ひょうか》をされることが多いのです。

この理屈《りくつ》でいくと、世界中《せかいじゅう》の人口《じんこう》数で比較《ひかく》してみても、圧倒的《あっとうてき》に健常者《けんじょうしゃ》の人口数より「障がい」という「才能」を持った人の人口数の方が少ないため、私を含《ふく》め、そのような「障がい」という「才能」や個性を持った方の方が、希少価値は高いのでないかと思っています。

「障がい」という「才能」によっては、短命《たんめい》の人生を送られる方もたくさんいらっしゃるかと思います。

でも、長く生きられたから幸《しあわ》せとは限《かぎ》らないし、短命だから不幸《ふこう》とは限らないと私はそう思います。

短命と診断《しんだん》され、日々の生活を送られている方は、「なぜ、私だけ」と思わずに「神様はなぜ、『障がい』という『才能《さいのう》』を与《あた》えてくれた上に、短い人生を与えてくれたのだろう」と考えていくと、その方がこの世に生まれてこられた意味を見つけることが出来るのではと私は思います。

すなわち、からっぽの人体に神様から「才能」というものを入れてもらったうえで、この世の中に生まれてこられた人の中で、一人も必要《ひつよう》ではない人なんかいないということです。

だからこそ、子供たちには個々《ここ》の「才能」を見出《みいだ》してあげ、その才能を生《い》かし、伸《の》ばせるような、「教育《きょういく》」「家庭《かてい》」「地域《ちいき》」などの環境《かんきょう》が、最《もっと》も大事《だいじ》だと私は考えていますし、その環境を創《つく》る上でお役《やく》に立てるように、私自身も精進《しょうじん》していきたいと思っています。

最後になりましたが、私がもし生まれ変わるとしても、同じ障がいを持ち、今の両親の元《もと》に生まれ変わりたい。
なぜなら、私にとって障がいとは「才能《さいのう》」であり「誇《ほこ》り」でもあり、神様の贈《おく》り物《もの》だから…。

平成28年7月

森裕生